小学语文沉浸式教学

——以小学古诗文教学为例

唐文国 著

丛书顾问 周洪宇
丛书主编 刘大伟

南京教育文库

生活·实践教育系列成果

南京出版传媒集团
南京出版社

育文库

颜明达题

南京教

图书在版编目（CIP）数据

小学语文沉浸式教学：以小学古诗文教学为例 / 唐文国著. -- 南京：南京出版社, 2025. 1. -- (南京教育文库). -- ISBN 978-7-5533-5109-4

Ⅰ. G623.202

中国国家版本馆CIP数据核字第2025V2N777号

丛 书 名 南京教育文库
丛书顾问 周洪宇
丛书主编 刘大伟
书　　名 小学语文沉浸式教学——以小学古诗文教学为例
作　　者 唐文国
出版发行 南京出版传媒集团
南 京 出 版 社
社　　址 南京市玄武区太平门街53号
邮　　编 210016
联系电话 025-83283873、83283864（营销）　025-83112257（编务）

策划统筹 朱天乐　王晓晨
责任编辑 孙菡菡
装帧设计 张　淼
责任印制 杨福彬

排　　版 南京新华丰制版有限公司
印　　刷 江苏凤凰通达印刷有限公司
开　　本 787 毫米 × 1092 毫米　1/16
印　　张 12
字　　数 171千
版　　次 2025年 1 月第 1 版
印　　次 2025年 1 月第 1 次印刷
书　　号 ISBN 978-7-5533-5109-4
定　　价 60.00元

总　序

不忘本来　吸收外来　面向未来

南京作为六朝古都，历史悠久，底蕴深厚，自古以来就是东南一带的政治、经济、文化中心。南北朝时期，宋文帝首开中国古代教育分科先河，在南京开设儒学馆、史学馆、文学馆和玄学馆，以分科的形式传经授道；梁代的五经博士以考试选拔人才，为隋唐科举制的实施奠定了基础。南京教育在明代更是达到了一个巅峰，不仅全国最高学府国子监设立于鸡鸣山下，且乡试、会试考场也设置于秦淮河畔的夫子庙，“天下文枢”也因此而闻名宇内。与官学相颉颃，私学在南京也有着悠久的传统，宋代的明道书院，明代的江干书院、新泉书院、崇正书院，清代的钟山书院、惜阴书院等，为学术思想的传承、学术流派的形成打下了扎实的基础。

民国以来，南京成为中西方教育思想汇聚的交融地，一大批本土教育家和海归教育家以南京为基点，加入了绘制中国近现代教育改革的蓝图大业中。张謇、沈恩孚、江谦、袁希涛、黄炎培、郭秉文、陶行知、陈鹤琴、邰爽秋、吴贻芳、俞子夷等一批学贯中西的教育家致力于南京教育的改革与发展，“生活教育”“活教育”等教育思想在南京萌芽、丰富与完善，铸就了传承至今的晓庄学院、鼓楼幼儿园等一批教育实践的典型代表。这些源于南京的教育思想与实践以中国基本国情为基础，对西方教育思想与实践进行了创造性转化与创新性发展，走出了一条独具中国特色的教育改革发展之路，一改民初

"仪型他国"的社会风气，也为随后很长一段时间的中国教育改革与发展指明了方向。如果说，北京是近现代中国思想变革的策源地，那么南京一定是近现代中国教育思想变革的策源地，也是中国式教育现代化的起源地。

"敢探未发明的新理，敢入未开化的边疆"，这是我对南京教育的一个直观看法。这既有陶行知、陈鹤琴等教育先辈们对我的影响，也有我与南京教育人交往后的感触。早在1982年，我因为编撰《陶行知全集》，就多次来到南京市晓庄师范学校、南京大学、南京图书馆查找资料，认识了一批南京教育界的朋友。近年来，由于工作的关系，我常常有机会参加南京的基础教育活动，也因此与南京教育界的各位人士结下了深厚的友谊，对新时代以来南京教育的高质量发展有了深厚的感悟。在学前教育普惠优质发展方面，南京普惠性幼儿园覆盖率达89%，优质园覆盖率达92%，率先全市域创成"江苏省学前教育改革发展示范区"；在义务教育优质均衡发展方面，南京义务教育优质资源覆盖率达98.6%，学校标准化率保持在100%，率先全市域通过"全国义务教育发展基本均衡县（市、区）"评估；在高中教育多样特色发展方面，南京整体规划和建设学术型、特色型、综合型普通高中，实施高中布局优化行动计划，全市达省定三星级以上的公办普通高中比例达95.5%；在特殊教育融合优质发展方面，南京建立了特殊教育工作联席会议制度，建立起从学前教育到高等教育全纳性的现代特殊教育体系，实现了全市所有街（镇）学前、义务教育阶段学校融合教育资源中心全覆盖。

南京教育能够取得如此优异的成绩，既有教育行政部门在方向上的正确指引，也有每一位普通南京教育人在岗位上的默默付出，因而我们既要关注教育宏观问题，也要关注微观上每一位教师、每一件事、每一个孩子。2022年1月，我的学生大伟从南京晓庄学院调任南京市教育科学研究所主持日常工作，我建议他既要在宏观上发挥市教科所作为教育智库的功用，也要关注到学校的内涵发展，更要关注到每一位教师的专业发展，因为教师的发展是学校发展的基础，只有教师发展好了，学校才能发展，而最终指向的必然是孩子的发展。因此我提议他能否整理出版一套“南京教育文库”，通过文库工作推动一批专家型教师梳理提炼教学主张、教育理念和学术思想，以时代为观照，立足南京教育实际，解决中国教育问题，推进南京教科研在知识创新、理论创新和方法创新上不断传承与发展。大伟很快邀请了南京一批名特优教师参与“南京教育文库”的编写工作，并规划了持续长达8—10年的发展计划，其中包括了写作指导、出版、评奖、宣传等全方位的保障体系建设。这一宏大体系建设还得到了顾明远先生的肯定与点赞，并欣然赐予墨宝“南京教育文库”六字。

“南京教育文库”的提出与推进，对于基础教育界具有非同寻常的意义，具体我认为有以下几点价值：

第一，独特性。毋庸置疑，每一个城市的教育发展都有独到之处和自身特点，但南京的教育发展与其他城市相比，其特点更加明显、风格更加独特。在江苏提出率先实现教育现代化的进程中，南京确立了“加快建设现代化教育强市、以高质量教育支撑高质量发展”这一战略目标，更加自觉地坚持教育优先发展、科学发展、创新发展。南京教育的主要发展指标已达到或超过OECD（经济合作与发展组织）发达国家和地区的平均水平，教育现代化水平连续六年获江苏省第一，在省对设区市政府履行教育职责考评中连续三年位居江苏省前列。可以说，南京教育在江苏省甚至全国都具有标杆性的独特作用。而如何将这种独特价值展现出来，“南京教育文库”的编撰正好起到了这一作用。这套丛书通过挖掘梳理南京教育的内涵，将南京教育的独特做法与经验理论化和系统化，既是对南京教育光辉历史过往的追溯与总结，也是对南京教育未来的期待与展望，更是可以成为中国教育改革与发展的地方样本。

第二，人本性。人的发展是教育的出发点和归宿，人的活动是教育的核心和关键，这是我近些年来提出的教育活动史的一个重要观点。教师是教育发展中的人，我们各级教育行政部门应该给予他们更多的关注与关心，特别对于一批具有典型性和代表性的教师，我们应该提供各种条件帮助他们总结、凝练、宣传、推广他们的教育理论与实践。就我所知，目前国内还尚未有类似的丛书出版。南京市教科所率全国之先，关注教育活动中的人，为教师的研究提供物质保障和学术指导，帮助他们在研究中发展，在实践中成熟，在推广中完善，可谓真正地将教师置于教育活动的中心地位，实现了以人为本的目的。

第三，开放性。对于这套丛书的设计与出版，我跟大伟提议，除了考虑名特优教师的教育思想总结与凝练外，还要在未来考虑对青年教师的支持，特别是要支持一批“学带”“优青”等具有基础的青年教师。南京教育近年来提出了如“宁教杰青”等一系列教师培育计划，我想我们的工作在未来还要吸收这样的教师参加“南京教育文库”的编写工作，加快对青年教师的培养速度。在学段上，我建议他要综合考虑各学段人员的配置，中学、小学、幼儿园各学段教师都要涉及，还要考虑在教师发展中心、教研室、教科所等单位工作的人员，更要考虑在学校管理岗位有丰富经验的教育管理者，这样就可以让我们这项工作更加开放、更加多元。

第四，持续性。南京教育的发展历史是一个整体，我们要做到不忘本来，吸收外来，面向未来，既要思考南京教育从哪里来，也要想好往哪里去，更要做好走向的持续性。因而对于这套丛书我还是有一个期待的，期待这套丛书能够持久地做下去，做成制度，做成系列，做成品牌，让更多的教师参与其中，享受到教育改革发展的红利，并在这项工作中得到发展、得到进步。我还希望将来“南京教育文库”能够借鉴“教育智库与教育治理50人圆桌论坛”的思路，形成一支队伍、一项制度、一套丛书、一个论坛、一个品牌的“五个一”发展思路，为南京教育的高质量发展注入持续不断的动力。当然，我也知道为了这套丛书的出版，大伟费尽了心思，他跟我说他要以陶行知办学的事迹为榜样，四处化缘筹措出版经费，找寻出版社确保进度，策划高级别平台宣传，以及筹划、参与各级各类评奖。我希望他能够保持这种工作激情的持续性，将这项工作一直做下去，实现陶公所说的“为一大事来，做一大事去”的理想目标。

合抱之木，生于毫末；九层之台，起于累土；千里之行，始于足下。“南京教育文库”的出版在不久的将来必然会成为中国教育界重要的一棵“合抱之木”、一座“九层之台”。我也衷心希望参与到文库编写工作的同志们千里之行，永不停歇！

是为序。

周洪宇

2022 年 11 月 22 日

于武昌东湖

（作序者系第十三届全国人大常委会委员、湖北省人大常委会副主任，中国教育学会副会长、中国教育发展战略学会副会长、长江教育研究院院长、华中师范大学国家教育治理研究院院长，博士生导师）

目　录

序

孙双金

唐文国校长的《小学语文沉浸式教学》一书即将出版，我作为他的老朋友、老同事，感到特别高兴。

唐校长的这本书以小学古诗文教学为例，谈如何在小学语文教学中进行沉浸式教学。我和唐校长对小学语文教学有着共同的认识，我们都认为：小学语文教学要强化传统文化的因素，尤其要强化古诗文的教学。正因为我们有共同的认识，所以我们一起编写了《12 岁以前的语文》这套书。我们在编写和使用的过程当中，一起学习，一起研究，一起探讨，一起推广，对小学古诗文教学的认识进一步强化。

中国文化是诗教文化。孔子说：“不学《诗》，无以言。”他对他的弟子和儿子的教育就是从读《诗经》开始。诗教能让人“腹有诗书气自华”。诗教能让人的气质变得温文尔雅、文质彬彬。诗教能改变每一个人的气质，每个人的气质改变了，一代人的气质也就改变了，中华民族的文化气质也就提升了。

五千年的中华文明源远流长。孔子说：“《诗》三百，一言以蔽之，曰：‘思无邪’。”从孔子到屈原，从李白到苏东坡，到曹雪芹，到鲁迅，几千年的中华文明就是诗教的传承，是诗歌源源流淌的文明。我们今天承担着复兴中华文明的伟大使命，我们更应该有这样强烈的使命感、责任感，让优秀的中华传统文化代代相传。

古诗文传统的教学方法，强调诵读、背诵、涵泳、体悟。几千年来，我们就是在诵读当中传承了中华优秀文化。背诵的好处有很多，背诵能提高记忆力，背诵能丰富自己的文化积淀，背诵能发展我们的智力，背诵也能促进文化的传承。涵泳、体悟强调“读书百遍，其义自见”，在诵读过程当中用心去体会、理解、感悟。我们感觉到，诵读、背诵、涵泳、体悟是优秀的传统教学经验。这样好的经验，我们要继承和发扬它。

唐文国校长在继承传统教学经验的基础上，创造性地探索了小学古诗文沉浸式教学的方法。我认为沉浸式教学有这样三个特点：一是全感官的调动，二是全情景的创设，三是全身心的投入。这种沉浸式的教学方法，我认为更符合小学生学习古诗文的特点，因为小孩子好奇、好动、好玩，而积淀少，对社会的认知还比较浅薄。所以，对于这样有着丰富文化积淀的古诗文，更强调学生多种感官的参与，多种情景的创设，让学生全身心地去体悟古诗词内在的蕴意。这样的教学方法是非常适合小学生学古诗文的，我特别认同。

我知道，唐文国校长因为自己热爱古诗文，他也要带领一群老师共同学习古诗文，共同传授古诗文。他以北京东路小学阳光分校为基地，带头诵读，带头研究，带头推广。我印象很深的是：我们玄武区举行小学语文教学年会，唐校长作为特级教师代表，在会上从头至尾背诵了《春江花月夜》，赢得了在场老师热烈而持久的掌声。校长的带头背诵，是一个无形的示范和榜样，他以此来号召全体老师共同背诵古诗文，共同传授中华文明。

我还知道，唐校长经常带领全校师生一起在大操场上共同吟唱古诗文。他将优秀的古诗文配以音乐，让全体师生共同吟唱，营造了十分动人、优美、感人的情景和画面。

我还知道，唐校长常常带领他的学生到学校的昭昭亭下木瓜树旁，一起学习诗经《木瓜》。传唱、吟诵诗经《木瓜》，这样沉浸式的教学，给孩子们留下了终生难忘的印象。

正因为唐文国校长长年累月地坚持研究古诗文，教学古诗文，推广古诗文，所以他积累了丰富的经验和翔实的案例。这本《小学语文沉浸式教学——以小学古诗文教学为例》，分为五个板块：一是对小学语文沉浸式教学的认识，二是小学生为什么要学古诗文，三是小学古诗文教学的现状和反思，四是小学古诗文沉浸式教学的基本策略，五是小学古诗文沉浸式教学课例及评析。我们从这五个方面全面地看到了唐校长在小学语文沉浸式教学上有益的探索和实践，这是对我们当代语文教学，特别是传统古诗文教学新的探索，新的创造，新的贡献，可喜可贺。

小学语文沉浸式教学，遵循了儿童学习的规律，遵循了语文教学的规律，充分激发了儿童学习的兴趣，对提升儿童的语文核心素养、激发儿童对语文的热爱，特别是对传统文化的热爱，起到了有益的探索，取得了积极的成效。

培根说，读诗使人灵秀。朱熹说，读诗能改变一代人的气质。我相信，唐文国校长《小学语文沉浸式教学》一书的出版，一定能够在我们小学语文界引起广泛的欢迎，也能够对小学语文教学改革的推动产生积极的影响。

（作者系全国著名特级教师、国务院政府特殊津贴专家、江苏省小学语文研究会学术委员会主任）

第一章　小学语文沉浸式教学

“今之教者，呻其占毕，多其讯言，及于数进，而不顾其安。使人不由其诚，教人不尽其材；其施之也悖，其求之也佛。夫然，故隐其学而疾其师，苦其难而不知其益也，虽终其业，其去之必速。教之不刑，其此之由乎！”①

以上这段话摘自《学记》。《学记》是我国古代最早专门论述教育教学的文献。这段话描述了两千多年前课堂教学的生态：老师只是照本宣科，大量灌输，忙于赶进度，对于学生能否接受不管不顾，导致他们无法静下心来好好学习。教学不能因材施教，最终导致学生反感学习，怨恨老师。只知学习苦，不知学习甜。虽然最后也完成了学习任务，但所学知识很快就会忘得一干二净。

这虽然是两千多年前的教学样态，但两千多年后的今天这种样态是否就不存在呢？答案是否定的。在平时的教学工作中，我们依然能看到“灌输式的”“说教式的”“填鸭式的”课堂，教师教得刻板，学生学得机械。教师讲，学生听；教师问，学生答。学生被动学习，学得无趣，学得无味，学得低效，最终也是“去之必速”。

近年来，“沉浸式”逐渐走入人们的视野，在游戏、生活、学习等多个方面均有涉及，例如沉浸式戏剧、沉浸式学习、沉浸式游戏等。教学上，沉浸理论注重在教学过程中全情景地创设、全感官地调动、全身心地投入，发挥学生的主观能动性，让学生成为学习的主人，在亲身体验中产生情

① 学记［M］. 高时良，译 . 北京：人民教育出版社，2016.

感和思想共鸣，主动参与学习，收到较好的教学效果。

第一节 概念界定

一、沉浸

1975 年美国芝加哥大学著名心理学家米哈里·契克森米哈赖（Mihaly Csikszentmihalyi）首次提出“沉浸理论”。他解释当人们在进行某些日常活动时为何会完全投入情境当中，集中注意力，并且过滤掉所有不相关的知觉，那是因为进入一种沉浸的状态。他将其定义为：“使用者进入一种共同的经验模式，在其中使用者好像被吸引进去，意识集中在一个非常狭窄的范围内，所以一些不相关的知觉和想法都被过滤掉，并且丧失自觉，只对具体目标和明确的回馈有反应，透过对环境的操控产生一种控制感。”[①] 综合以上定义，我们可以得知，沉浸一词凸显的是个体全神贯注地参与到其感兴趣的活动时所产生的一种心理状态，并且在这个过程中个体会不自觉地过滤掉其他所有不相关的知觉，集中全部注意力在活动本身上。简单地说，它是个体在活动中进行高度体验的外在心理表现。

二、沉浸式教学

沉浸式教学指教师将沉浸理论运用于实际教学之中，通过全情景创设，对学生全感官的调动，使其全身心地投入到学习内容和学习活动之中，从而提升自我，获得学习的享受感，激发主动学习驱动力。

三、小学语文沉浸式教学

小学语文沉浸式教学指在小学语文教学中，在沉浸理论指导下，通过一系列的沉浸式教学实践活动，激发儿童的学习动机，使其全身心投入到语文的学习内容、情感意境和学习活动中。通过积极的语言实践，积累语言经验，体会语言文字的特点和运用规律，培养语言文字运用能

① 契克森米哈赖．专注的快乐［M］．陈秀娟，译．北京：中信出版社，2011.

力。同时，发展思维能力，提升思维品质，形成自觉的审美意识，培养高雅的审美情趣，积淀丰厚的文化底蕴，全面提升核心素养。这一教学活动充分发挥儿童的主观能动性，提高学习效率，培养儿童对语文的热爱。本书以小学古诗文教学为例，着重介绍了小学语文沉浸式教学的基本策略。

第二节　国内外同一领域研究现状

一、国内外对于“沉浸式教学”的研究现状

沉浸式教学首先发端于20世纪60年代的加拿大，是一种针对第二语言的语言教学模式，指教学中使用目的语进行教学的全封闭语言教学模式。美国著名语言学家海伦娜·柯顿等认为：“沉浸式项目中，教学的重点是各科目的内容（社会学、科学、数学、语言艺术、健康、艺术、音乐），而第二语言则是教这些科目所用的工具。”[①]

1975年，美国芝加哥大学米哈里·契克森米哈赖（Mihaly Csikszentmihalyi）描述了人们在活动中完全被吸引并投入情境当中，过滤掉所有不相关的知觉，而进入一种沉浸状态。目前，“沉浸”指全身心专注于某件事情的状态。

美国教育界专家罗伯特·J. 马扎诺等在《高度参与的课堂——提高学生专注力的沉浸式教学》一书中，详细阐述了沉浸式教学策略：通过唤醒学生情绪，提高学生兴趣，帮助学生感知事物重要性，引导学生提升自我效能感等方式，达到让学生高度参与课堂的目的[②]。

国内学者对“沉浸式教学”的研究主要集中在英语教学、语文教学及信息技术在各学科的运用这三大板块。前两个板块的沉浸式教学主要

---

① 柯顿，等．语言与学习者：国际语言课堂教学指南［M］．丁维莉，杨洋，译．北京：北京语言大学出版社，2020.

② 马扎诺，等．高度参与的课堂：提高学生专注力的沉浸式教学［M］．白洁，译．北京：中国青年出版社，2019.

提倡通过游戏、绘画、观看视频、朗读、表演等方式，将学生带入教学情境中，活跃学生思维，丰富内心感受，引导学生专注于课堂学习。第三个板块主要研究了信息技术在沉浸式教学中所起的作用，旨在利用人工智能、大数据、扩展现实（XR）等新技术的优势，为学习者打造虚实融合、生动直观的学习环境，支持学习者通过视、听、触等多种通道的感知体验，促使其在学习过程中身心与环境产生自然交互，使学习者产生一种完全置身于虚拟环境中的身心体验，增强学习的体验感和身心沉浸感。

二、国内对于“小学古诗文教学”的研究现状

近年来，小学古诗文教学越来越受到专家、学者的关注，尤其是2022版《义务教育语文课程标准》（以下简称“《语文课程标准》”）实施，对古诗文教学提出了更为明确的要求。国内关于小学古诗文教学的研究众多，通过文献查阅、梳理，了解大家的研究方向主要集中在这几个方面：

古诗文诵读。通过多种形式的诵读培养学生的理解、记忆和想象能力，在潜移默化中接受熏陶、修养心性。（如顾瑞芳《新课程背景下小学语文古诗文诵读个性化探究》）运用故事、游戏、视频观看、补充背景等方式深化学生对古诗文的理解。（如莫国夫《以“故事力”启蒙文言阅读力》）感知古诗文蕴含的情感。（如叶岳情、张邦业《厚植家国情怀，发展核心素养》）立足教材古诗文内容，向小学生渗透传统文化。（如柯玉霜《小学古诗文教学中的传统文化教育方法探讨》、居利峰《小学古诗文教学中渗透传统文化教育的意义价值与策略》）

综上所述，已有的研究能够给予“小学古诗文沉浸式教学”研究一定的理论支撑，但不难发现，目前国内外研究鲜有将“沉浸式教学”和“小学古诗文教学”结合起来的。基于以上的现状研究，应将小学古诗文沉浸式教学实践研究摆到一个重要的位置，它有助于教师更好地适应新挑战。同时，一些切实可行的实施策略和操作路径的探索尤为重要，它有助于教师更好地推动课堂改革。

第三节　小学语文沉浸式教学的理论依据

一、义务教育语文课程理念

2022版《语文课程标准》在“课程理念”中明确指出：语文课程要加强课程实施的情境性和实践性，促进学习方式变革。语文课程实施从学生语文生活实际出发，创设丰富多样的学习情境，设计富有挑战性的学习任务，爱护学生的好奇心、求知欲，促进学生自主、合作、探究学习；引导学生注重积累，勤于思考，乐于实践，勇于探索，养成良好的学习习惯；关注个体差异和不同的学习需求，鼓励自主阅读、自由表达；倡导少做题、多读书、读好书、读整本书，注重培养学生读书兴趣，提高读书品位；充分发挥现代信息技术的支持作用，拓展语文学习空间，提升学生的语文学习能力。“课程理念”还强调：语文课程要突出课程内容的时代性和典范性，加强课程内容整合，注重语文课程内容与生活、与其他学科的联系。[①]

小学语文沉浸式教学，正是以这一理念为支撑，通过情境创设、感官调动、跨学科学习等方式，让学生全身心沉浸于学习内容和学习活动之中，从而提高学习效率，提升学生的语文素养。

二、朱熹的阅读教学理论

朱熹是宋代著名的哲学家、教育家。他对语文教学尤其是阅读教学进行了全面、深入、系统的研究，形成了先秦以来最为完整的阅读教学体系。我国传统阅读教学的许多经验都在朱熹的阅读教学体系中有所反映。我们所研究的小学语文沉浸式教学也不例外，吸取了朱熹阅读教学理论的精华。朱熹非常重视学生的阅读主体地位。他认为：“师友之功，但能示之于始，而正之于终尔。若中间三十分工夫，自用吃力去做。”[②]意思是：教师的功用，只是在学习的开始阶段对学生进行引导和指点，在学习的结

① 中华人民共和国教育部．义务教育语文课程标准［M］．北京：北京师范大学出版社，2022.

② 李道传．朱子语录［M］．上海：上海古籍出版社，2016.

束阶段去检验学生学习的效果。其中间学习的过程要靠学生自己努力去完成。这是朱熹对教师作用的论述。他认为教师的作用只有两点：第一个作用是学生的“引路人”。在学生开始走上学习道路时，告诉学生应该怎样走。当学生走错了的时候，要及时地引导到正确的道路上。第二个作用是学生学习成绩的“检验人”。学习之后效果如何，教师要及时而认真地检查验证。需要特别注意的是，朱熹在论述教师这两个作用前的“但能”，是有针对性的。自古以来，许多教师往往扮演着“大包大揽”的角色，生怕学生学不会，于是就“满堂灌”，就“填鸭式”教学，结果自然是事倍而功半。

“为学勿责无人为自家剖析出来，须是自家去里面讲究做工夫，要自见得。”朱熹在教学中要求学生要自己理会，自己体察，自己去读书，自己去探索道理。语文沉浸式教学中的主体就是学生，教学得以成功的保障就是学生是否能真正拥有一颗“沉浸”的心。朱熹的阅读主体论思想还体现为重视培养学生良好的读书习惯。如他要求学生“凡读书，须整顿几案。令洁净端正。将书册整齐顿放，正身体，对书册，详缓看字。仔细分明读之。须要读得字字响亮，不可误一字，不可少一字，不可多一字，不可倒一字。”特别要强调的是，朱熹注意到了学生焦躁的学习心理对读书效果的负面影响。语文沉浸式教学也是如此，学生要养成良好的学习习惯，力求排除一切干扰因素，专心致志投入学习之中。朱熹认为学生应该牢固树立积极、正确的人生观和阅读观，逐渐摒弃浮躁的阅读心理和不良的阅读习惯，定下心来读书。从教育心理学观点看，就是要求学生阅读时注意力高度集中，防止分散、松懈，具有刻苦钻研的精神。在现在看来，其实就是要求教育者要深入地进行阅读教学，避免阅读教学的肤浅化。激发学习者的阅读需要和兴趣，是达到这一阅读境界的有效手段。有了阅读兴趣的引导，学生自然比较容易集中注意力，使浮躁的心绪沉静下来，从而获得理想的阅读效果。语文沉浸式教学也是针对当前语文教学中存在的一系列问题而提出的，当今的语文课堂，依然存在不重视激发学生的阅读需要和兴趣，学生没有轻松愉快的阅读心境。阅读教学变得机械、浮躁、肤浅。语文沉浸式教学吸取朱子理论的精华，认为师生要共同“沉浸”在纯粹的、经典的学习语文的环境中，能够集中注意力全身心地投入在语文学习内容之中。师生都要有一颗能“沉浸”的心。朱熹的阅读主体论和慎思论中很多内容都对语文沉浸式阅读教学有着很强的指导意义。

三、建构主义学习理论

皮亚杰（J. Piaget）等人提出并倡导的建构主义学习理论，坚持从内因和外因相互作用的观点来研究儿童的认知发展。他认为，儿童是在与周围环境相互作用的过程中，逐步建构起关于外部世界的知识，从而使自身认知结构得到发展[①]。建构主义认为，知识不是通过教师传授得到，而是学习者在一定的情境下，借助其他人，包括教师和学习伙伴的帮助，利用必要的学习资料，通过意义建构的方式而获得。建构主义学习理论认为“情境”“协作”“会话”和“意义建构”是学习环境中的四大要素。“情境”，学习环境中的情境必须有利于学生对所学内容的意义建构。这就对教学设计提出了新的要求，也就是说，在建构主义学习环境下，教学设计不仅要考虑教学目标分析，还要考虑有利于学生建构意义的情境的创设问题，并把情境创设看作是教学设计的最重要内容之一。“协作”，协作发生在学习过程的始终。协作对学习资料的搜集与分析、假设的提出与验证、学习成果的评价直至意义的最终建构均有重要作用。“会话”，会话是协作过程中的不可缺少环节。学习小组成员之间必须通过会话商讨如何完成规定的学习任务的计划；此外，协作学习过程也是会话过程，在此过程中，每个学习者的思维成果为整个学习群体所共享，因此会话是达到意义建构的重要手段之一。“意义建构”，这是整个学习过程的最终目标。所要建构的意义是指：事物的性质、规律以及事物之间的内在联系。在学习过程中帮助学生建构意义就是要帮助学生对当前学习内容所反映的事物的性质、规律以及该事物与其他事物之间的内在联系达到较深刻的理解。这种理解在大脑中的长期存储形式就是前面提到的“图

① 皮亚杰．教育科学与儿童心理学［M］．杜一雄，钱心婷，译．北京：教育科学出版社，2018.

式”，也就是关于当前所学内容的认知结构。

建构主义学习理论为小学语文沉浸式学习起到了有力的理论支撑。小学语文沉浸式学习提倡在教师指导下、以学生为中心的学习，既强调学习者的认知主体作用，又不忽视教师的指导作用，教师是意义建构的帮助者、促进者，而不是知识的传授者与灌输者。学生在全情境创设、全感官调动下主动学习，而不是外部刺激的被动接受者和被灌输的对象。教师在教学过程中从以下几方面发挥指导作用：

（1）激发学生的学习兴趣，帮助学生形成学习动机；

（2）通过创设符合教学内容要求的情境和提示新旧知识之间联系的线索，帮助学生建构当前所学知识的意义；

（3）采取一系列沉浸式教学措施引导学生，使之朝有利于意义建构的方向发展。

小学语文沉浸式教学很好融合了建构主义理论，并以这一理论为支撑开展实践研究。

第四节　小学语文沉浸式教学的主要特点

小学语文沉浸式教学有三个主要特点：

1. 全情境创设。小学语文沉浸式教学，要求教师在教学过程中利用多种方式为学生营造和教学内容相符合的情境。通过这种方式能够有效激发学生的学习热情，学生也能够调动主动性、积极性，全身心地投入到教学环节中。与此同时，小学语文课本知识较为丰富，教师创设情境能够促使学生拉近和文字的距离；学生融入情境中，也能了解到语文知识的真实魅力，实现自主学习。创设情境的形式有很多，如：创设问题化的教学情境，创设生活化的教学情境，创设趣味化的教学情境，创设真实化的教学情境，创设 AR 虚拟的教学情境等。这些教学情境的创设，要灵活运用，要根据不同的教学内容，不同的教学环节而定。不能一概而论，不一定每一节课都要用到。

2. 全感官调动。小学语文沉浸式教学需要教师通过调动学生的感官作用，提升学生的学习积极性和有效性。全感官调动，主要是指教师在教学过程中，通过利用学生的听觉、视觉、味觉、嗅觉、触觉等感官，施加不同程度的刺激，让学生沉浸于学习内容和学习活动中，能够有效提升学生对学习内容的理解和掌握程度，促使学生语文认知和非认知方面的全面提升。全感官调动能够提高学生的学习参与度，有效提升学生的学习热情。在教学过程中，加强学生的感官利用，能够促使学生从不同角度发现问题的多样化，能够为学生的发展提供多元化思路，为学生语文素养的全面发展奠定重要的基础。全感官调动能够有效弥补学生之间的差距，营造良好的学习氛围，促使学生的学习能力得到有效提升和发展。

3. 全身心投入。全情境创设和全感官调动是小学语文沉浸式学习的主要策略，其目的是促使学生在学习的过程中全身心投入。定能生慧，静纳百川，全身心投入，对于渴望获得知识、拥有智慧的人来说是非常重要的。学习就是向世界汲取生命的能量。人们常用“海绵吸水”来形容一个人如饥似渴的学习状态。海绵完全浸泡在水中才能吸取最饱和的水分。如果一个孩子，爱吵爱闹，意味着他的心门是闭塞的，他做事情不能全身心投入。他的眼里只看见自己，他的耳朵只听见自己。这样的孩子怎么可能从学习中有所吸纳和汲取？一个孩子在学习的时候如果不能全身心投入，这是令人担忧的一种学习状态。小学语文沉浸式教学，就是通过多种方式，让学生屏蔽其他干扰因素，全身心投入到学习当中。

第五节　小学语文沉浸式教学的价值取向

小学语文沉浸式教学为小学语文教学构建了一种新的样态。它通过一系列的教学实践活动，激发儿童的学习动机，促使其全身心投入到语文学习和文本情感意境之中，充分发挥儿童的主观能动性，从而拉近儿童与文本之间的距离，提高了学习效率，培养了儿童对语文的热爱。

小学语文沉浸式教学，遵循了儿童的学习规律。小学生的年龄一般在六至十二岁，这个年龄段的孩子，在学习的时候，更喜欢直观性、趣味性、故事性、情境性、游戏性、实践性等形式的活动。2022 版《语文课程标准》中明确提出的课程理念之一便是“增强课程实施的情境性和实践性，促进学习方式变革”。小学语文沉浸式教学是在观照儿童心理特点的前提下，尊重儿童需求，运用适合儿童的方式。如在教学古诗文的时候，采用让学生唱、画、演等形式，使学生全身心投入古诗文学习中，充分发挥儿童的主观能动性，培养儿童对传统文化的认同和热爱，提高了儿童的语文综合素养。

小学语文沉浸式教学，遵循了语文教学的规律。《学记》中所描述的是两千多年前的教学样态，今天这样的课堂依然或多或少地存在，最终导致学生厌师、厌学、学习效率低下。小学语文沉浸式教学，不再是“呻其占毕，多其讯言”，而是遵循了“学生的语文能力在语文实践中形成”“书读百遍，其义自见”“熟读成诵，不求甚解”等小学生学习语文的一般规律，还探索出了“通读—熟读—研读—品读—诵读—展读”古诗文教学的一般方法，改变了古诗文教学的样态，改变了语文学习的样态。

小学语文沉浸式教学，调动了儿童的学习兴趣。学生在老师各种方法引导之下完全沉浸在语文学习活动时，个人因为自身的兴趣完全融入其中，专注在自身注意的事情上，这时，他就过滤了其他不相关的知觉，好像被活动吸引进去一般。小学语文沉浸式教学，把语文教学变得更加富有情趣和意蕴，在别样的专属于语文的课堂氛围中，深入理解文本内涵，体会与感受作者创作意图，启发学生在思想情感上产生共鸣，逐步发现文本的趣味，激发学生的学习动机，提高了他们的学习兴趣，促进儿童主动学习，使儿童始终以积极的态度参与学习。

小学语文沉浸式教学，助力儿童提升语文核心素养。核心素养是学生通过课程学习逐步形成的正确价值观、必备品格和关键能力，是课程育人价值的集中体现。小学语文课程培养的核心素养，是学生在积极的语文实践活动中积累、建构并在真实的语言运用情境中表现出来的，是文化自信和语言运用、思维能力、审美创造的综合体现。小学语文沉浸式教学，通过多种方法促进学生全身心投入到语文学习和文本的思想情感及内容情境之中。在此过程中，学生感受到了文本的独特价值，认识到了中华文化的丰厚博大，汲取了智慧，继承并弘扬了中华优秀的传统文化，丰富了文化积累，丰厚了文化底蕴，建立了文化自信。在教学中，教师能把学生带入文本的场景之中，通过读、说、编等形式，在情境中、实践中学习语言，运用语言。在教学中，教师引导学生沉浸式地理解、想象、比较、分析、思辨等，提升了学生的思维能力。语文教材中的一篇篇课文具有语言美、意境美、情感美等特点，教学中，教师引导学生沉浸式地感受、理解、欣赏、评价文本，发现并感受其美，获得较为丰富的审美体验，并通过改编、扩写、演讲等形式进行加工创造，用语言文字把这种美表现出来，增强审美意识，提升审美能力和创造能力。

第二章　小学生为什么要学古诗文

第一节　古诗文——中国人的文化基因

古诗文是指我国古代诗歌和文质兼美的文章，有着悠久的历史文化内涵，是五千年中华文明中璀璨的明珠，已成为中国人的文化基因，影响着一代又一代中国人思维、审美、语言、人生观、价值观、世界观。古诗文在一代又一代人中传承、赓续、发展，无论你身在何时，身处何地，只要你低吟几句，或是高声朗诵几句，或是深情咏唱几句，你的中国人的基因就得以外显。仿佛你的手中高举着一面五星红旗，鲜艳夺目，又仿佛你在唱着《义勇军进行曲》，高亢嘹亮，吸引着众人。此时，你就的的确确是一个中国人，一个有文化的中国人，一个拥有着五千年文化基因的中国人。

有这样一个案例：在我们学校，有一位男孩，皮肤白皙，金发碧眼，非常漂亮，一看就是一个“小老外”。他的妈妈是中国人，爸爸是法国人。妈妈非常喜欢中国传统文化，在孩子牙牙学语的时候，妈妈就教孩子学一些古诗，从“鹅鹅鹅，曲项向天歌……”教到“白日依山尽，黄河入海流……”，从“敕勒川，阴山下……”教到“葡萄美酒夜光杯，欲饮琵琶马上催……”。说也奇怪，孩子也特别感兴趣，可能是孩子的身体内这方面的基因被妈妈激活了、激发了吧。到了上小学的时候，孩子已经能背出几十首古诗了。有一次，学校开展古诗文朗诵活动，孩子也积极报名参加了。看到他在舞台上用标准的普通话朗诵着一首首古诗，此时的他，在大家的心目中已不是一个“小老外”了，俨然是一个地地道道的中国人！虽然洋装穿在身，虽然有着一副外国人的外表，但他的心是中国的，基因是中国的，文化是中国的，精神是中国的。

一、古诗

古诗文，是古诗和古文。古诗，分为古体诗和近体诗。古体诗最早的形式是四言古诗。如“蒹葭苍苍，白露为霜。所谓伊人，在水一方……”（《蒹葭》）醇厚古朴，简约典雅，主要在春秋战国时期。之后发展为五言古诗，主要为汉乐府诗。如“日出东南隅，照我秦氏楼。秦氏有好女，自名为罗敷……”（《陌上桑》）之后就是七言古诗了，而它的创始人是曹丕。如“秋风萧瑟天气凉，草木摇落露为霜，群燕辞归鹄南翔……”（曹丕《燕歌行》）

在此之后就进入到近体诗了。最早是律诗。律诗是中国传统诗歌的一种体裁，因格律要求非常严格而得名。律诗起源于南朝齐永明年间沈约等，是讲究声律、对仗的新体诗。至初唐沈佺期、宋之问等进一步发展定型，盛行于唐宋时期。律诗通常为每首八句，超过八句的则称排律或长律。以八句完篇的律诗，每两句成一联，共四联。习惯上称第一联为首联，第二联为颔联，第三联为颈联，第四联为尾联。每联的上句称为出句，下句称为对句，两句构成对句关系，前联的对句和后联的出句的关系则称为邻句关系。其常见的类型有五言律诗和七言律诗。先是五言律诗，如南北朝时期沈约的《夜夜曲》：

河汉纵且横，北斗横复直。
星汉空如此，宁知心有忆？
孤灯暧不明，寒机晓犹织。
零泪向谁道，鸡鸣徒叹息。

之后出现了七言律诗，如初唐时期宋之问的《三阳宫侍宴应制得幽字》：

离宫秘苑胜瀛洲，别有仙人洞壑幽。
岩边树色含风冷，石上泉声带雨秋。

鸟向歌筵来度曲，云依帐殿结为楼。

微臣昔忝方明御，今日还陪八骏游。

伴着七言律诗还出现了绝句。绝句又称截句、断句、绝诗等，四句一首，短小精粹。绝句起源于汉魏六朝的乐府短章。文献记载，六朝时期文人宴集有联章作诗的风气，每人作四句五言合成一首整诗，如果将各人所作的割断开来，单独成篇，就叫“一绝”。绝句的称呼由此而立，也是唐朝流行起来的一种汉族诗歌体裁，属于近体诗的一种形式。“绝句”一词最早在南朝的齐梁时代就已出现，各家对其解释并不一致，有人以为截取律之半以便入乐传唱。绝句分为律绝和古绝，其中律绝有严格的格律要求。

常见的绝句有五言绝句和七言绝句，六言绝句较为少见。

五言绝句，就是五言四句而又合乎律诗规范的小诗。它属于近体诗范畴，是绝句的一种。从北周诗人庾信的一首题为《绝句》的五言诗来看，其文体形式至少在南北朝末期就已形成了。“客游经岁月，羁旅故情多。近学衡阳雁，秋分俱渡河。”这是庾信的《和侃法师三绝》之一。此诗平仄粘缀，完全符合唐人格律，第二、四句尾是平声韵，第一、三句尾都用仄声字，诗题已称为“绝”。但在唐以前如此工整的五言绝句并不多，直到初唐以后，产生了近体诗，五言绝句才得以逐步完善和定型，而此前的五言诗便通称为“五言古诗”，简称“五古”。

五言绝句在初唐时起点较高，像“初唐四杰”、沈佺期、宋之问等都有佳作，特别是王勃的五绝，以其优柔不迫被沈德潜誉为“正声之始”。盛唐时，崔国辅、孟浩然、储光羲、祖咏等一大批文人对五绝作了进一步推动和完善，其中王维、李白更是把五绝的创作推向了极致，使五绝发展达到了繁盛的顶峰。

由于受字数的限制，较之其他体制的诗歌体裁，五言绝句在创作时对其语言和表现手法就要求得更加简练、概括，创作难度就更大。张谦宜对此就以“短而味长，入妙尤难”八字加以概括，因此，五言绝句自然而然成为盛唐诗歌中最为璀璨的明珠，是唐诗中的精华。自唐代以来，名篇佳句甚多，咏史、怀古、议政事、抒抱负、诉幽怨、说友情，题材多样，精彩纷呈，在诗歌各种体式中是最受欢迎的样式之一。

七言绝句，简称七绝，其起源已不甚清楚。明清人认为七绝起自萧纲、虞世南或“四杰”的说法，都是指七言律绝。虽然七绝在其发展过程中的确以律绝为主，但与五绝一样，古绝之形成还是先于律绝。现代国内外学者一般倾向于以北朝乐府民歌为七言古绝之源。也有学者认为七言古绝的源头应追溯到西晋的民谣。虽然汉魏时已有曹丕《燕歌行》这样成熟的七言歌行，但最早的完整的七言四句体的出现，是在西晋的歌谣中。这就是逐句押仄声韵的《豫州耆老为祖逖歌》：

幸哉遗黎免俘虏，
三辰既朗遇慈父。
玄酒忘劳甘瓠脯，
何以咏思歌且舞。

初唐时，七言绝句不仅数量较少，题材较狭，而且在诗坛上的影响也很小，艺术上也不够成熟，不仅未能充分协律，而且作风比较板滞（如常用对仗作结，有类律诗的前半截），缺乏悠远的韵度。初唐比较知名的诗人如沈佺期、宋之问，律诗写得很好，七绝水平却一般。

进入盛唐，大量的七绝诗人涌现，在艺术上有了长足的进步，完全可以与五绝并驾齐驱。李白、王昌龄、王之涣、王维、贾至、高适、岑参、常建等确是当时诗坛上的一批七绝高手。代表七绝最高成就的是李白和王昌龄二人。王昌龄率先大力创作七绝，在他的笔下，七绝的题材得到了大大拓展，举凡从军、出塞、怀古、赠别、狩猎、宴饮以及奉佛、崇道、闺思、宫怨等等，无不可用七绝来表现，扩大了七绝在诗坛的影响。李白的七言绝句则更能体现盛唐绝句的典型风貌。

中唐时，擅长七绝的诗人不少，如李益和刘禹锡等，但基本路子并未突破前人。及至晚唐，七绝在杜牧、李商隐和温庭筠手里又有了新的发展。

七言绝句，由于可以不拘对偶，故构写自由；由于篇幅短小，故语句精炼含蓄，多言外之音；由于讲究声律，故抑扬顿挫，朗朗上口，宜于低吟高诵。自唐代以来，七言绝句中名篇佳句甚多，且题材多样，咏史、怀古、议政事、抒抱负、诉幽怨、说友情，精彩纷呈，是诗歌各种体式中最受欢迎的样式之一。

二、古文

古文，即文言文。我们这里所说的古文，主要是小古文，是适合小学生学习的篇幅短小的文言文。

文言文是中国古代的一种书面语言，主要包括以先秦时期的口语为基础而形成的书面语。春秋、战国时期，用于记载文字的物品还未被发明，记载文字用的是竹简、丝绸等物，而丝绸价格昂贵、竹简笨重且记录的字数有限，为能在一卷竹简上记下更多事情，需将不重要的字删掉，所以表达更为凝练。文言文是相对白话文来说的，其特征是以文字为基础来写作，注重典故、骈俪对仗、音律工整等。文言文，第一个“文”字，是美好的意思。“言”字，是写、表述、记载的意思。“文言”两字，即书面语言，“文言”是相对于“口头语言”而言，“口头语言”也叫“白话”。最后一个“文”字，是作品、文章等的意思，表示的是文种。

“文言文”的意思就是“美好的语言文章”，也叫作语体文。而“白话文”的意思就是：“使用常用的直白的口头语言写成的文章”。在我国古代，要表述同一件事，用“口头语言”（口语）和用“书面语言”（书面语）来表述，是不同的。比如，想问某人是否吃饭了，用口头语言表述，是“吃饭了吗？”，而用书面语言进行表述，却是“饭否？”。“饭否”就是文言文，这里，“饭”名词作动词用，意思为吃饭。

我国古代，所有的文章都是用书面语言写成的，所以，现在我们一般将古文称为“文言文”。文言文是中国文化的瑰宝，古人为我们留下了大量的文言文。文言文复兴是从二十世纪八十年代开始萌芽的。文言文复兴的概念是青年学者刘周在“中国文化复兴的第一步（倡议书）”中提出的。2007 年《光明日报》“百城赋”的推出，表明了国家对待文言文复兴的态度。

根据古代汉语发展史，结合古代文学史，在中小学阶段的文言文可以分为四大类。一是散文，二是辞赋，三是诗歌，四是古白话。内容极为丰富，涉及自然、社会、生活等各个方面。小学阶段，推荐给孩子们学习的内容，主要是适合他们学习的篇幅短小的文质兼美的散文以及诗歌等。

第二节　为什么要学古诗文——根植文化基因

一、落实立德树人

教育兴则国家兴，教育强则国家强。我们社会主义国家的教育培养什么样的人、如何培养人、为谁培养人是直至教育灵魂的三问。习近平同志指明了方向。培养什么样的人？培养社会主义建设者和接班人。如何培养人？以树人为核心，以立德为根本。为谁培养人？为党育人，为国育才。

当今世界科技进步日新月异，网络新媒体迅速普及，人们生活、学习、工作方式不断改变，儿童青少年成长环境深刻变化，人才培养面临新挑战。教育必须要落实立德树人的根本任务，聚焦中国学生发展的核心素养，培养学生适应未来发展的正确价值观、必备品格和关键能力，引导学生明确人生发展方向，成长为德智体美劳全面发展的社会主义建设者和接班人。

2022 版《语文课程标准》指出：“准确理解和把握党中央、国务院关于教育改革的各项要求，全面落实习近平新时代中国特色社会主义思想，将社会主义先进文化、革命文化、中华优秀传统文化、国家安全、生命安全与健康等重大主题教育有机融入课程，增强课程思想性。”语文课程应引导学生热爱国家通用语言文字，在真实的语言运用情境中，通过积极的语言实践，积累语言经验，体会语言文字的特点和运用规律，培养语言文字运用能力；同时，发展思维能力，提升思维品质，形成自觉的审美意识，培养高雅的审美情趣，积淀丰厚的文化底蕴，继承和弘扬中华优秀传统文化、革命文化、社会主义先进文化，增强对习近平新时代中国特色社会主义思想的理解和认识，全面提升学生核心素养。

二、培养核心素养

核心素养是学生通过课程学习逐步形成的正确价值观、必备品格和关键能力，是课程育人价值的集中体现。义务教育语文课程培养的核心素养，是学生在积极的语文实践活动中积累、建构并在真实的语言运用情境中表现出来的，是文化自信和语言运用、思维能力、审美创造的综合体现。

“文化自信”是义务教育语文课程培养的学生核心素养之一。文化自信是指学生认同中华文化，对中华文化的生命力有坚定信心。通过语文学习，热爱国家通用语言文字，热爱中华文化，继承和弘扬中华优秀传统文化、革命文化、社会主义先进文化，关注和参与当代文化生活，初步了解和借鉴人类文明优秀成果，具有比较开阔的文化视野和一定的文化底蕴。通过语文学习，要认识中华文化的丰厚博大，汲取智慧，弘扬社会主义先进文化、革命文化、中华优秀传统文化，建立文化自信。

语文新课标中有关“中华优秀传统文化”的表述共有 22 处之多，可见中华优秀传统文化在语文课程中的重要性。古诗文是中华优秀传统文化非常重要的组成部分之一，部编版小学语文教材中有近两百首（篇）古诗文，引导学生学习古诗文是落实新课标精神的重要体现，更是提升学生核心素养的重要途径之一。学生在学习古诗文过程中，通过阅读理解、联想想象、表达交流、品味鉴赏，能逐步形成个体语言经验，进行个性表达，提升语言运用能力；能发现美、感受美、表现美、创造美，提升审美创造能力，在此过程中逐步发展思维能力。

三、强化人文精神

2022版《语文课程标准》指出："围绕创造性转化和创新性发展要求，确定中华优秀传统文化内容主题，注重弘扬讲仁爱、重民本、守诚信、崇正义、尚和合、求大同等核心思想理念；弘扬有利于促进社会和谐、鼓励人们向上向善的中华人文精神；弘扬自强不息、敬业乐群、扶危济困、见义勇为、孝老爱亲等中华传统美德。"优秀的古诗文对提升学生人文精神有着潜移默化、润物无声的作用。

诗言志，诗明理，诗传情。古诗文均为凝聚精华，脍炙人口，世代流传的，有着不可磨灭的生命力和不可抗拒的魅力，它们是文化精神极为深刻、极有特征、极其精美的聚光点，它们蕴藏着人们的思想行为的价值观、道德理想、人生追求以及对世界感知的方式和审美情趣。有人说，中国文化是诗性文化，中国教育的核心是诗教。在孩子咿咿呀呀刚开始会说话的时候，父母就会教他读古诗，从"鹅，鹅，鹅……"开始，从"白日依山尽……"开始。当孩子们读到"愿得此身长报国，何须生入玉门关。""王师北定中原日，家祭无忘告乃翁。"就能感到戴叔伦、陆游的爱国情怀；读到"路漫漫其修远兮，吾将上下而求索"，能感到屈原那颗忧国忧民、上下求索的高洁之心；读到"采菊东篱下，悠然见南山"，能感到陶渊明那颗追求自由、向往和平的平常之心；读到"安能摧眉折腰事权贵，使我不得开心颜"，能感到李白人格的独立清高；读到"先天下之忧而忧，后天下之乐而乐"，能感到范仲淹那以天下为己任的济世情怀……国家精神、民族品格不是一大堆挂在墙上的无生命的标语口号，不是各种会议上政治人物空洞的讲话，不是教科书里抽象的描述，而是蕴蓄在文化细节当中，蕴蓄在流传千古的经典诗文当中。

我们仰望古典诗文中那冰清玉洁的月亮，我们幸遇文学长廊里含烟吐翠的杨柳，我们吟哦唐诗宋词优美的诗句……这个时候，我们也就是在不知不觉地接受精神母乳的哺育和滋养！是这月亮，是这杨柳，是这唐诗宋词，是这些经典的文化细节，让我们的民族精神绵延数千年而不老不朽，始终鲜活地流淌在一代代中国人的血脉里！

四、赓续文化传承

古诗文是我们中华民族五千多年画卷中不可磨灭的绚丽色彩，是一代一代炎黄子孙智慧的结晶，情感的浓缩，是千年时光构建的精神家园，丰富着我们的精神世界、承载着中华文化的基因。古诗文以其短小的形态、精准的表达、高度的思想性、动情的内涵流传千年。古诗文应当在华夏大地上代代相传。如果你不教，他不教，大家都不教，你不学，他不学，大家都不学，那不要多久，这么优秀的文化将失传，最终变成历史的尘埃，落在时光的流里。

值得欣喜的是我们深谙其道，学习传承古诗文越来越被人们所重视。新课标对古诗文学习的篇幅增加了，要求提高了。来自图书销售市场的数据显示，近几年古诗文图书销量猛增。这些充分说明，在精神文化产品极度丰富的今天，古诗词依旧热度不减。因为虽然古诗文经过几千年的流传，人们依然能在其中找到属于自己的喜怒哀乐，找到与古人强烈共鸣的情感瞬间。那些经过时间洗礼的经典语句，感染着一代又一代中国人。古诗文给了我们许多宝贵的精神财富，让我们在困境中能看到希望，在平顺时能审视自己可能会面临的困难，在焦虑不安时得到慰藉和鼓舞。它是一个取之不尽用之不竭的精神宝藏。古诗文里有悲伤和痛苦，还有挫折和烦恼，但最终传递给人们的是希望，是未来，是阳光，这也是许多古诗文能够经久不衰的原因。我们学习古诗文，热爱古诗文，传承古诗文，我们要让古诗文滋养我们的精神，变成自己精神生活的一部分。

古诗文需要传承，也必须传承。

五、积累丰厚底蕴

没有一定量的积累，难有语文素养质的提升。丰富语言积累，丰厚文化底蕴，是提升学生语文素养的重要途径。否则，无异于舍本逐末，“塞源而欲流长”。作为语文教师，我们不仅要在“流”上下功夫，更应在“源”上做文章。积累是运用的前提，只有积累丰富的语言素材，才能厚积薄发。

值得欣喜的是，当下的语文教学，老师们已非常重视积累了。这一是因为广大语文教师这方面的意识增强了，二是因为新课标也有了这方面的要求。在2022版《语文课程标准》中，“积累”一词出现频次达50多次。积累的重要性，可见一斑。

那么，小学生要积累什么呢？新课标在小学阶段的三个学段分别是这样要求的：“积累自己喜欢的成语和格言警句。背诵优秀诗文50篇(段)。课外阅读总量不少于5万字。”“积累课文中的优美词语、精彩句段，以及在课外阅读和生活中获得的语言材料。背诵优秀诗文50篇(段)。养成读书看报的习惯，收藏图书资料，乐于与同学交流。课外阅读总量不少于40万字。”“背诵优秀诗文60篇(段)，注意通过语调、韵律、节奏等体味作品的内容和情感。扩展阅读面，课外阅读总量不少于100万字。”[①]可见，优秀的古诗文是学生积累的重要内容之一。

小学的年龄特点在积累方面很有优势。心理学家研究得出结论：12岁以前是人类记忆力的高峰，15岁以后人的理解力慢慢上升，记忆力慢慢退化。根据这一规律，语文学习在小学阶段应以记忆为主，而不是以理解为主。这一规律应作为语言学习的重要规律。叔本华在《论教育》一文中论述：“相比之下，记忆力在青少年时期是至为旺盛和坚韧的，所以，我们要特别发挥它的作用，但是这需要我们经过谨慎、周密的考虑以后作出一定的挑选。在年轻时学到的东西永远都会黏附在记忆里，所以，人的这一宝贵功能应该得到充分利用，以便得到最大收获。”[②]

---

① 中华人民共和国教育部．义务教育语文课程标准［M］．北京：北京师范大学出版社，2022.

② 叔本华．叔本华思想随笔［M］．韦启昌，译．上海：上海人民出版社，2023.

苏轼说“腹有诗书气自华”。清代孙洙编辑的《唐诗三百首》序言中说“熟读唐诗三百首，不会作诗也会吟”。学生积累丰富了，文化底蕴丰厚了，就会变得自信，气质也会随之改变。朱熹说“读书变化人的气质”。一代人的气质变化了，我们的社会风气就改变了。

小学生需要积累，小学生的年龄适合积累，小学生有很多需要积累的内容，所以，我们在平时的教学中要重视积累。

第三章　小学古诗文教学的现状及反思

古诗文是中华传统文化的瑰宝。学习古诗文就是引领学生去溯源，去寻找自己精神上的“身份证”；引领学生触摸传统文化的脉搏，去发现母语的博大精妙，从而更加热爱母语，由衷地生发出对母语文化的自信与自豪感。但是，不容回避的是古诗文在小学语文教学中的现状不容乐观。

第一节　小学古诗文教学的现状

先让我们看一段古诗教学设计吧。以下是一位年轻教师备课笔记中的《望庐山瀑布》的教学设计：

教学目标：

1. 正确、流利、有感情地朗读诗歌，背诵诗歌。

2. 学会本诗中的生字。

3. 能解释诗句的意思，并能用自己的话说说《望庐山瀑布》这首诗描绘的情景。

4. 理解诗的内容，热爱大自然，接受美的熏陶。

教学重难点：

理解诗句的意思，体会作者寓情于景的写作手法。

教学过程：

一、导入揭题

我们学过许多首李白的诗，谁能背？注意不要重复。今天我们再学一首李白的诗。（板书：望庐山瀑布）

1.解题: 谁来讲讲课题的意思?(望: 远看。庐山: 是一座名山,风景优美。)

二、学习诗歌

(一)学习一、二行诗

1. 出示一、二行诗。

2. 齐读一、二行诗。

3. 理解下面字词的意思:

“烟”这里指云雾。“生”就是发生,产生的意思。

“遥看”指远远望去。“川”指水道,河流。

4. 谁能用自己的话说说这两行诗的意思?

(二)学习三、四行诗

1. 出示并指名读三、四行诗句。

2. 有哪些词语不懂? 讨论讨论。

3. 指名说说三、四行诗的意思。

4. 教师小结:山是绿的,瀑布是白色的,山顶紫色的云雾缭绕,颜色多么绚丽夺目,再加上静止的山峰,飞流的瀑布,真是动静相配,这画面多么神奇。诗人看呀,看呀,看入了神,又用一个“疑”字展开想象。

(三)请用自己的话说说全诗的意思

(四)小声朗读,体会感情

1. 让学生找出每行诗中应读重音或轻音的字。

2. 要读出诗人对祖国山河的赞颂、热爱之情。

(五)请学生练习背诵

三、布置作业

1. 抄写词语。

2. 背诵古诗。

看了这篇教学设计,我沉思良久,教学改革这么多年,我们的古诗教学还停留在这样一种“释题—读诗—释诗—背诗”的状态,不能不让人着急。其实,这种现状不是个例,而是在古诗文教学中普遍存在。把平时所看到的古诗文课堂教学现状进行了梳理，当下的古诗文教学主要存在以下问题：

一、年段模糊，环节相似

经实际研究发现，三年级和六年级的课堂相差无几。教学目标惊人地相似，很多古诗文教学目标都与上面这个案例中《望庐山瀑布》的教学目标一样。课堂中的教学环节也很相似，大家都在忙着解释词语，翻译诗句，背诵古诗，拓展资料。在这样课堂中的学生则是相对沉默的，因为中年段学生会因为目标高了不知从何表达，高年段学生因为目标低了没兴趣表达。这样的课堂势必会呈现出一种形而下的状态。

二、理性有余，诗意不足

古诗文，以精粹的语言为载体，承载着作者对自然万物、对生命繁富驳杂的体味，深蕴着作者的情感。可是我们看到很多古诗文课堂的教学通常是以缺少指导的读和简单提问的方式串讲完成的。课堂除了理性分析解释的内容便所剩无几了。这样的古诗文学习少了意趣，少了韵味，因此它无法激起学生表达的热情，更遑论个性表达了。于是一篇原本情致别具的古诗文在经过这样的学习后学生兴趣尽失。古诗文的课堂如果剥离了诗意、文意，则有悖于古诗文编入教材作为教学内容进行教学的初衷，是对古诗文一种不敬，是对教材编者的一种误解。

三、教师主导，展示过度

当下的古诗文课堂教学，往往是整节课教师讲得酣畅淋漓，学生强打精神却还是听得云里雾里。知人论世，学习古诗文当然要了解它创作的背景，了解诗人的境遇、思想等，但是这种“包讲”课堂的教学忽略的恰恰是我们的教学对象——一群正在如饥似渴成长的小学生。课堂不是教师展示的舞台，而是学生进行实践活动的天地，是学生个性表达生长发展的空间。

四、死记硬背，轻视感悟

大部分教师以技术性训练为主，课堂采用字字解释、句句翻译的包揽式教学，最后要求学生会读会背。古诗文的言辞之美、意境之远、立意之深，统统被教师忽视。由于教师忽视学生自主感悟和审美愉悦感，学生在课堂上没有沉浸其中，没有入境怡情，体会不到浓厚的诗香味、文意浓。古诗文的学习并没有真正发生，古诗文教学的核心任务也没有落到实处。

五、缺少情境，缺乏实践

2022 版《语文课程标准》指出，语文教学要增强课程实施的情境性和实践性，促进学习方式变革。从学生语文生活实际出发，创设丰富多样的学习情境，设计富有挑战性的学习任务，激发学生的好奇心、想象力、求知欲，促进学生自主、合作、探究学习。从当下的古诗文课堂教学来看，正缺少这样的情境性、实践性的沉浸式教学。

六、教学刻板，兴趣不浓

古诗文创作背景距离学生的生活久远，使学生对古诗文内容的认知产生距离。在互联网时代，学生更倾向于卡通漫画、短视频故事等视图文化，造成理解古诗文的障碍。古诗文语言精练、意境深邃，需要学生有更沉静的心态才能学懂、学透。小学生天性活泼好动，要深入古诗文情境，对他们来说比较困难。加上多数古诗文课堂教学刻板机械，教学方法缺少创新，部分教师在古诗文教学中“以不变应万变”，无论哪首诗文，都按照“释题—读诗文—释诗文—背诗文”的模式。古诗文教学一直在“重复昨天的故事”。毫无新意的陈旧做法，使古诗文教学失去鲜活的生命力，久而久之，使学生失去了学习的兴趣。

第二节　小学古诗文教学现状反思

一、缺少研究

反思当下古诗文课堂教学现状，首先是缺少对古诗文本身以及古诗文教学的研究。这包含两个因素，一是对古诗文的研究不足，至少是对要学习的这篇诗文缺少广泛阅读，深入解读也不够。二是对古诗文教学新课标所提出的年段要求不熟悉，以及对古诗文这一文体教学方式的认识研究不足。这两个方面直接导致了我们部分老师在课堂中照本宣科，机械地读满堂，简单地释满堂的现状。而这些将会直接导致学生的学习兴趣以及参与、表达的热情锐减。心理学研究表明：只有兴趣浓厚才会有产生主动思维的可能。没了兴趣就没了热情，没了热情，身体与思维的惰性就会随之而来，那么课堂中被动思维带来的只能是大众思维，于是我们就会听到小小年纪的孩子一本正经说着某个资料上摘抄来的高深莫测的、他似懂非懂甚至根本不懂的语言。缺少沉浸式的学习，缺少看得见的真正理解，那么个性表达将无踪可追，无迹可寻。

二、缺失品味

其次是缺乏对古诗文语言的品味。古诗文是语言的艺术，是凝练的艺术。它言简义丰，文短情长，意象密度越大，越是凝练，个性表达就越有空间。我们可以引导学生在这样的空间里想象，补充，品味。“品”在甲骨文中是“”，意谓“品”需要一小口一小口慢慢啜饮，慢慢咂摸滋味，享受食物的味道。何谓“品读”呢？笔者觉得就是学生在教师创设的情境中一边阅读一边通过多种方式对语言进行品味，在文字中去把玩、享受。美学家王朝文指出：“只有诉诸感觉的东西，才能够引起强烈的感动。”诗词课堂缺少沉浸式的情境创设，缺少借由因想象而产生的意境之美所引起的“强烈感动”，那么学生也就产生不了思维冲动，语言冲动。究其根本，它真正缺少的是学生以其鲜活的生活，以其全部情感积极投入语言实践的活动中去品味诗词语言，体悟诗歌、情感，主动进行自我表达的动力。词语解释不是品味，翻译诗歌也不是品味。古诗文学习中真正的品味应该是能俯下身子，贴近内容，去倾听作者的声音，体悟作者的情感。真正的品读应该是在古诗文中多走几个来回，去用心感受那些凝练在诗文中每一个经过作者斟字酌句推敲后呈现出来的用词、用赋、用比兴的妥帖精妙。只有这样以心验之的品读才能产生学生情动于衷而生发的个性表达。

三、缺乏个性

最后就是它的去个性化。这样的教学中朗读是根据教师划定的节奏，词语是注释里给定的意思，翻译是照本宣科，甚至直接背诵、抄写。在这样的课堂中即使有学生的参与也是被动的，被朗读，被体验，被表达。因此所表达的内容基本上是泛主体意义的一般性话语，是缺乏个人主动思考的他人体味，他人认知。这样的表达学生基于的是对资料的笃信，对那些固有认知的照搬，是为了回答而回答。这样的表达是言不由衷的，是人与精神的一种背离，是人格的一种撕裂。换句话说，因为缺乏思考，自己甘愿降低甚至无视自我的存在，任由异己代言。假以时日，这种思维参与率极低、照搬套用、人云亦云的所谓表达，会让学生丧失思考能力，消泯表达的热情，甚至还有可能让学生因找不到思考的路径而失去个性表达的勇气。

古诗文教学现状呼唤沉浸式教学。

第四章　小学古诗文沉浸式教学的基本策略

针对小学古诗文教学的现状，以及小学生学习古诗文的特点和小学生的认知特点，我们在平时的古诗文教学中，应该寻找更适合他们的教学方法。其中，沉浸式教学在小学古诗文教学中是行之有效的方法之一。因为小学生处于认知发展理论中的具体运算阶段，他们的具体运算思维离不开具体事物的支持。所以学习古诗词时，学生难以从解词、说意、背诵、默写中深刻理解古诗词的含义、意境、思想内涵、人物情感，而沉浸式教学能让学生入情入境，感受到学习古诗词的乐趣，亲身体验古诗词的深层韵味。另外，相对于其他学科来说，语文的教学课堂更容易也更加需要带给学生“沉浸式”的体验。

沈坚主编的《初中语文“沉浸式”教学研究》一书将“沉浸”定义为：“当个人完全进入一项活动时所产生的心理状态，个人因为自身的兴趣完全融入其中，专注在自身注意的事情上，并且丧失其他不相关的知觉，就好像被活动吸引进去一般。”[①] 如何能让学生在学习古诗文时达到这种境界？本章将重点向大家介绍小学沉浸式古诗文教学的基本策略。

第一节　兴趣为先　点燃热情

笔者认为，小学沉浸式古诗文教学首先要引起学生的兴趣需要。苏联教育学家苏霍姆林斯基说过：“让学生体验到一种自己在亲身参与掌握

① 沈坚．初中语文“沉浸式”教学研究［M］．苏州：苏州大学出版社，2010.

知识的情感，乃是唤起少年特有的对知识的兴趣的重要条件。”[①] 由此可见，在古诗文教学的课堂上，或者说在所有的教学中，“唤起学生兴趣”是一大要点，那么教师就要保证课堂是让学生来“亲身体验”的。目前来看，受评价现状影响，在古诗文教学课堂上，学生生搬硬套地理解、死记硬背地学习，仿佛在硬咽着没有油盐的饭菜，索然无味。在这种情况下，教师必须要做出相应的思考，多去尝试探索一些新的思路和方法来吸引学生，调动他们的学习兴趣，通过多种形式让学生充分感受到古诗文的魅力所在，才能达到良好的教学效果。不能只从手法和技巧方面着手，而是应该把古诗文教学变得更加富有情趣和意蕴，在别样的专属于语文的课堂氛围中，深入理解古诗文的内涵，体会与感受作者创作意图，启发学生在思想情感上产生共鸣，逐步发现古诗文的乐趣，并达到激发学生活力、发散学生思维的目的。

在古诗文教学的每一个环节我们都可以点燃学生学习古诗文的热情，激发兴趣应贯穿于古诗文教学的始终。这一点，我们将在后面的章节中逐一介绍。

在这里，重点介绍我们是如何通过一系列活动点燃学生学习古诗文的热情的。

请大家先在网上搜索两段视频看看，一段是六岁神童李尚荣在中央电视台《向幸福出发》节目中的表现，一段是小王恒屹在中央电视台《诗词大会》节目中的表现。

看了这两段视频，你是不是惊叹两位小朋友丰富的积累、超凡的表达？你是不是心潮澎湃热血沸腾？是不是心里在想这孩子要是我的孩子多好！要是我的学生多好！同样，学生看了这两段视频，也会激情澎湃，也会心生羡慕，也会见贤思齐。其实，不只是这两个孩子，像这样熟记很多古诗文的优秀的孩子还有很多。我们可以多找一些相关的视频放给学生观看，在班级里营造学习古诗文的氛围，激发他们对古诗文的热爱。

① 苏霍姆林斯基．给教师的建议［M］．杜殿坤，编译．北京：教育科学出版社，1984.

除了播放视频，激发学生对古诗文的热爱之外，我们还通过开展以下活动激发学生学习古诗文的兴趣，让学生主动积极地参与其中，乐此不疲。

一、开展“飞花令”活动

布置作业要求学生回家看电视，学生一听说可以看电视，兴趣盎然，接着要求看电视的规定内容“中国诗词大会”中的“飞花令”，在看的过程中知道什么是“飞花令”，学会方法，知道规则，到学校课堂中举例交流规则。这时候，老师宣布：“我们班级要举行一次‘飞花令’，我们把要求降低，不现场出题，现在就把要比赛的‘花’告诉你。”学生一听，兴奋不已，都说这个容易。这时候教师出题，比如回家都去准备带有“春”的古诗词句。把你找到的都抄写下来，背诵下来，找得越多，背得越多，你获胜的概率越大，也越说明你“腹有诗书”。这下学生热血沸腾，纷纷回家用尽方法寻找、背诵，到学校还不愿意跟其他人分享，生怕别人知道的比自己多，个个暗暗较劲。还恳求老师再宽限几天，让他们做充分的准备。就在这样的准备中，他们主动沉浸在古诗词的海洋中。有家长说，孩子在上学放学的路上都在背诵古诗文，还请家长考他们，甚至有的还嘲笑家长怎么很多都不知道，孩子自己有满满的成就感。比赛开始时，会背的，背得多的自信满满，得意扬扬，一句又接一句，接不上的，接得慢的，眉头紧锁，小脸通红。在下一次的活动中，明显有了进步。是活动触动了他的自尊，是活动激发了他的内驱力，是活动让他改变。

二、开展古诗文小专题研究

以小组为单位开展古诗文小专题研究，是促进学生主动学习古诗文，亲近古诗文，热爱古诗文的有效策略之一。以研究四季古诗文为案例：

我们的祖国，四季如画，各美其美。描写四季的古诗文多如繁星，在语文学习过程中，我们在不同季节带领学生去领略大自然的美景。“江畔何人初见月，江月何年初照人”“人生代代无穷已，江月年年只相似”，这美丽的风景，不仅我们欣赏，古人也曾欣赏过，并且留下了很多千古诗文。

让学生以小组为单位，去找一找，读一读，背一背，讲一讲。然后在班级里开展一次小组接力赛。比如在春天，教师带领学生去找春天，欣赏春天，然后让学生以小组为单位围绕“春天”这一主题开展古诗文研究。在准备的过程中，我们能看到组长带着组员搜集有关春天的古诗文，然后读、讲、背，还会不停地开展组内接力。孩子的热情在小组内被点燃、被激发。孩子都是有自尊心的，一次不如人，两次不如人，就自觉去寻找并背诵了。在这项活动中，教师的角色不能缺位，教师要引导、激励、监督、检查，要紧紧抓住组长这个牛鼻子，要不停地在小组与小组之间“煽风点火”。这样对各个小组才能有促进，每位学生才能有提升。经过一段时间的小组研究，充分准备后，教师在班级先开展小组内接力，再抽签开展小组与小组接力。最后评选出优秀小组和“腹有诗书”的优秀选手，并颁发证书。

喜欢比赛，喜欢被表扬、被认可是孩子的天性，有了这样一个你追我赶的学习积累古诗词的环境，个个都觉得自己是“腹有诗书”，学生的兴趣就不知不觉被激发，热情在不知不觉中被点燃，在热情中积累了描写春天的古诗文。

到了其他季节，也可以这样组织。那时，在教师没有布置时，季节没有到来时，有的学生已经在提前准备，提前背诵了。“尚无车马尘，况复争夺场。”这就是兴趣，这就是主动，这就是热情。

研究的领域不局限于一年四季，风花雪月，杨柳清风，亭台楼阁，名山大川……这些都可以成为研究的主题。

三、以“抽签背诵”刺激内需

有了一定的古诗文积累，一段时间下来后，把这些古诗文的题目分别写在便签上，做成一个个“题签”放进一个箱子里。在全班开展随意抽签背诵古诗文活动。在这里特别说明的是：要根据古诗文难易程度的不同，在题签的背面写上“奖励几颗小红星”的字样。内容简单的，容易背诵的，奖励一两颗或者三四颗；内容难的则多奖励几颗，最多十颗。活动的时候，题签箱到谁跟前谁抽签，抽到什么题目就背诵相应内容。能正确熟练地背出来的，就奖励题签后面标注的相应颗数的小红星，不会背的得不到奖励，背得不熟的，视情况酌情奖励。不会背的同学，读出题目，让其他会背的同学背诵，则把小红星奖励给会背的同学。此项活动要有一定的评价激励措施。比如说，背出一首奖励相应颗数的小红星，十颗小红星换取一个小月亮，十个小月亮换取一个小太阳。背得多背得好的在全班组织的古诗文大赛中进行展示，并颁发奖状。在这个过程中，会背的同学得意扬扬，不会背的同学懊悔不已。假如他抽到一个题签，背面是十颗小红星，可是他不会背，他就会急得满脸通红，甚至懊悔到哭。这一活动，贴近了孩子的年龄特点，尊重了孩子的个性，有效地刺激了孩子背诵积累古诗文的热情。整个活动过程紧张而热烈，这个活动是学生们最期待的，如果时间长了没有举行，他们会不断地问老师"怎么还不举行古诗抽签背诵"，后来，因为这个活动惊喜太多，他们要求把活动改名，取一个好听的名字，我们又在班级开展了为这一活动取名的比赛，每个人都取名，大家投票，谁得的票数多，此项活动的名称就以谁取的名字命名。最后经过激烈的投票，大家一致认为"古诗惊喜来一份"最好。

这样的"古诗惊喜来一份"活动，起初的时候是漫天开花，没有主题，学生抽到什么题目就背什么内容。后来，我们围绕主题来进行。比如一段时间围绕"藏在春天里的古诗文"这一主题来开展，活动前先预告给学生，让学生提前做好充分准备，再开展活动，以活动促进学生对古诗文的记忆和热爱。还可以根据古诗文的难易程度，分别在不同的年纪开展。这样的活动，设计有目标，有层次，整个过程都在刺激学生的内需，收到了非常好的效果。

学生的学习生活往往是平淡无奇的，"学校—家庭—兴趣班"这"三点一线"式的生活，让他们的生命失去了少年儿童应有的活力。所以孩子们写作文的困难之一是没有素材。这一活动，仿佛一块石头投进了水里，让一潭死水激起了浪花，也为孩子们写作提供了鲜活的材料。虽然没有要求学生活动结束后写一篇作文，但是还是有很多同学在周记里选用了这一素材。因为这是他们的亲身经历，有话可写；感受特别深刻，想与大家分享。这是我们在开展此项活动之前所没有想到的收获。下面是一位学生的习作。（习作中的学生名字均为化名）

古诗惊喜来一份

“哈哈……”“太棒了！”今天，我们六3班教室传来了阵阵笑声和欢呼声，发生了什么事？原来，我们班正在进行“古诗惊喜来一份”活动。

活动之前，老师做了精心的准备，并详细告诉了我们活动规则。老师说，他会做各种古诗文题签，这些题签大多数是根据“小学生75首必背古诗”的内容做的。题签背面还有奖励小红星呢！当然，奖励的颗数不等。老师说，难背的古诗奖励多点，一般在10颗小红星左右。简单易背的古诗奖励得要少，一两颗吧。总之，你能背得出，就有奖励。这些题签中，有几张背后写有特殊的奖励，那就是“免背”，不用背就能拿到奖励哦！所以同学们都期待能抽到它呢。还有更刺激的，有两首古诗特别难背，老师在题签背后写上“奖励小红星100颗！”哇，100颗呀！能直接换取一个“小太阳”啊！到老师那里能换取不少奖品呢！大发啊！

前段时间同学们每天都你追我赶背古诗，早读课背，自习课背，中午背，晚上背，连放学走路的时候都在背，大家背得都可带劲了。同学们都期待取得好成绩。活动的时候，教室里掌声连连。哇，第一支签被张小夜抽到了！一看是“《题临安邸》，奖励5颗星”。他顿时眉开眼笑，喜上心头。可不知是太紧张还是不会背，他刚报出古诗的题目，便嗯嗯啊啊地呆杵在那里了。同学们有的攥紧拳头，为他着急；有的眉开眼笑，幸灾乐祸。倒计时五秒钟，“5-4-3-2-1”，他还是没有背出来。多好的机会就这么白白流失了，他懊恼得捶胸顿足，眼圈发红，晶莹的泪珠在眼眶里直打转，嘴里还嘀咕着：“我早上还会背的，我早上还会背的。”

“你这次的好运只好转给别人了。”老师微笑着说。其他同学见了，“唰”的一下都举起了手，教师里顿时沸腾起来：“老师给我！”“我来我来！”……同学们一个个把手举得老高，都快伸到老师鼻子上了，声音一个比一个高，个个面红耳赤的，激动得不行。老师没有办法，只好从班级的姓名盒里抽取一个人的名字。“王小怡！”王小怡听到自己的名字开心地腾地一下站了起来，右手握拳向胸前一挥，看得出胸有成竹，非常自信。“山外青山楼外楼，西湖歌舞几时休。暖风熏得游人醉，只把杭州作汴州。”王小怡面带微笑，声音响亮，咬字清晰，赢得台下同学热烈的掌声。她美滋滋地从老师手中接过五颗小红星。

终于轮到我抽签了。虽然妈妈昨天晚上又帮我把古诗给温习了一遍，但我还是有些紧张，伸出去抽签的小手都在不停地颤抖。“菩萨保佑，抽支好签，一定要会背，不然太丢脸了！”我心里默默地祈祷着。“《四时田园杂兴》，奖励6颗星！”我刚把题目报出来，突然脑子里一片空白。糟糕，忘词了！我顿时着急起来，不停地抓耳挠腮，用手使劲地拍脑门。“昼出耘田……”，突然脑子里灵光闪现，我连忙大声背诵：“昼出耘田夜绩麻，村庄儿女各当家。童孙未解供耕织，也傍桑阴学种瓜。”背完后，我长长地吁了口气：“好险！”丁俊然在一旁接腔：“简直是读秒绝杀啊！”首战告捷，我赢得了6颗星。

我的好朋友余小阳抽到的是“《蜂》，免背，得5颗星”。他的开心地笑得合不拢嘴了。

“古诗惊喜来一份”活动在下课的铃声和同学们的欢笑声中落下帷幕。每一位同学都得到了展示的机会。这次“古诗惊喜来一份”活动不仅让我们复习了古诗，还充满了乐趣，缓解了我们学习的压力。真心希望多多开展这样的活动！

都说“兴趣是最好的老师”，有了兴趣就有了坚持，有了兴趣就有了自律，有了兴趣就有可能达成目标。古诗文学习，更是如此。古诗文对于学生来说，太遥远，太艰涩，不通俗。那么这时候兴趣的培养，内驱力的激发就显得尤为重要了。古诗文学习，活动激发了兴趣，兴趣点燃了热情，热情滋生了主动，主动促进了积累。在这一过程中，孩子们完全沉浸在古诗文学习之中。

第二节　运用故事　增强体验

故事是经过一定因果关系和相应时间顺序重新安排和归整的事件，它能够帮助我们很好地去体会和思考周围的世界，它非常符合人们的心理活动历程。故事与我们的生活密切联系。尼尔·波兹曼曾说过："如果没有空气，我们的细胞会死亡；没有故事，我们自己会死亡。"[①]由于故事的情境和情节来自我们的生活体验，它不仅能引起我们的兴趣，也能调动情感参与，产生情感共鸣，形成个性化的体验。

故事通常是以人物为中心，以事件为纽带，以情感为依托展开的语言艺术。故事以其情节的生动性、趣味性、冲突性、环环相扣性，立意的新颖性，情感的纠葛性，语言的场景性，被人们所喜爱。好的故事能让人听了之后品味不尽、回味无穷，犹如撞钟余音袅袅。好的故事，犹如一曲美妙的音乐，能让人浮想联翩，充满想象和联想。好的故事，充满了画面感，能让人听之在脑海中还原场景犹如看电影，一幅幅一帧帧浮现在眼前。好的故事中的人物，特点鲜明，个性独特，能给人留下极其深刻的印象，终生难忘，让人爱之如友、恨之如敌。好的故事能引人入胜，让人身临其境，沉浸其中。

在从教几十年的经历中，我发现几乎没有一个孩子不喜欢听故事，尤其是好的故事。毫无疑问，故事因其强烈的生动性和趣味性吸引着一代又一代少年儿童，也激起了他们对文学的热爱，对语文的热爱。鲁迅先生最初就深受《山海经》中故事的熏陶和影响，以至他在以后的作品中反复提及这一点。既然孩子们喜欢故事，故事又对孩子们有如此大的影响，我们教师何不将这股灵动的渠水作为一种课程资源引入语文教学的田地呢？

大多数古诗文背后都关联着生动有趣的故事。我们在教学时，不妨充分用好这些故事，激发兴趣、促进理解、丰富体验、补充信息、熏陶情感，把学生带入古诗文的情境之中，让学生沉浸式学习古诗文。

---

① 波兹曼．童年的消失［M］．吴燕莛，译．北京：中信出版社，2018.

在小学古诗文教学中，运用故事很有意义：

1. 符合学生心理特点，帮助学生更好地学习诗文。小学生生性好动，注意力容易分散，不能长时间集中于文本的阅读和学习。为此，教师在教学过程中可以根据教学内容的需要和学生特点，适时并合理地插入故事，借助通俗有趣的故事来吸引学生的注意力。当然要注意的是插入的故事要符合教学内容和学生特点，不然会适得其反。小学生在感知方面比较模糊，诗文理解比较浅显，感悟不能正确到位。通过讲述故事可以创设一定的情境，引导学生真切地走进诗文，感悟文本，培养学生对文本阅读的兴趣，以加深对文本的感悟和体验，加深对诗文的理解。小学生对事物充满了好奇，他们喜欢幻想和想象，讨厌呆板的说教，不喜欢单一、枯燥的学习和教学方式。教师在教学中适时地插入故事，不仅丰富了教学内容，变换了教学形式，更能调动学生的兴趣，活跃课堂氛围。小学生由于知识积累有限，学习能力较弱，学习水平不高，对于有些知识的理解会出现困难。通过故事的插入，不仅使内容变得通俗易懂，帮助学生理解，同时也调动了学生的兴趣，让学生乐于去理解。

2. 凸显语文学科特征，激发学生学习诗文的热情。语文课程是一门学习国家通用语言文字运用的综合性、实践性课程。工具性与人文性的统一，是语文课程的基本特点。义务教育阶段的语文课程，应引导学生热爱国家通用语言文字，在真实的语言运用情境中，初步学会运用祖国语言文字进行交流沟通，吸收古今中外优秀文化，提高思想文化修养，促进自身精神成长[①]。在古诗文教学中插入故事，运用故事进行教学，不仅能够训练学生听说能力，也能够将语文学习与学生的生活相联系，培养学生正确的情感态度与价值观。语文课程的基本特点是工具性与人文性的统一。在教学过程中运用故事教学，一方面生动有趣的故事能够帮助学生更好地利用语文学习这个中介来理解和掌握语言文字；另一方面，故事的生活性、情境

① 中华人民共和国教育部．义务教育语文课程标准［M］．北京：北京师范大学出版社，2022.

性也有助于学生情感态度与价值观的培养，真正实现语文课程人文性的价值。总之，故事的插入能够更好地体现语文课程的基本特点，实现人文性和工具性的统一和整合。在古诗文教学中引入生动有趣的故事，能够给学生带来新奇的感受，能够很好地激发学生的兴趣和求知欲。通过引入形象生动的故事，调动学生的好奇心，学生带着强烈的好奇心和兴趣进入学习，不仅能学到知识，而且能在趣味性的故事中感到学习的乐趣，让师生处于一种轻松愉悦的氛围中进行学习，有利于建立和谐民主的师生关系。

那么，在小学古诗文教学中，故事如何呈现呢？

呈现故事主要有三种形式，一是教师讲述；二是学生讲述；三是借助多媒体展示。当然，也有将以上方式结合使用的形式。

1. 教师讲述。教师讲述要注意以下方面：第一，故事内容要准确。故事内容直接和教学内容相关，教师在表述的时候要保证故事的准确性，不能给学生错误的引导。同时，语言要精练简洁。教学时间是有限的，故事的讲述时间更是短暂的，教师在讲述故事时要尽量用简短的语言将故事口述清楚。第二，语言要生动有趣。教师在讲述故事时要有声有色，引人入胜，给学生一种身临其境之感。教师在描述一件事或一个人时，要让学生感到如见其人，如闻其声。教师的语言要力求形象，且富有生活气息，这样才能够激发学生兴趣，吸引学生注意。第三，语言要富含情感。教师的语言富有情感不仅能渲染气氛，吸引学生注意，更能把学生带进故事情境之中，让学生更好地进行情感体验。第四，教师讲述时要控制好节奏、把握语言的抑扬顿挫。

来看一则案例：

《西江月·夜行黄沙道中》教学片断

上课开始，我在黑板上写下这样两句话“文能提笔安天下，武能上马定乾坤”。请学生朗读这两句话，并说说意思。

师：谁能把这两句话，凝练一下吗？

生：文能安邦，武能定国。

生：能文能武，文武双全。

师：你了解在我国历史上，谁是这样文能安邦、武能定国，能文能武、文武双全的人呢？

生：陆游。首先，我们都知道他是一位伟大的爱国主义诗人，他一生写过很多诗词。我们也学习过他写的很多诗词，如《冬夜读书示子聿》《示儿》《秋夜将晓出篱门迎凉有感》《卜算子·咏梅》等等。这里可以看出他是一位文人。我从课外书上还了解到，陆游早年间还上过战场。可见他能文能武，文武双全。

生：岳飞。我知道，他是伟大的爱国英雄，民族英雄，抗金名将。多次带兵打仗，取得胜利。我还读过他写得非常著名的词《满江红》。所以，我认为，岳飞也是一个能文能武、文武双全的人。

生：辛弃疾。我们以前学习过他写的词《清平乐·村居》，我还读过他写的《青玉案·元夕》。我还知道他曾经率兵打仗。

生：曹操……

生：项羽……

生：于谦……

师：今天我们要学习的这首词《西江月·夜行黄沙道中》，作者就是辛弃疾。刚才那位同学说了，辛弃疾也是一位能文能武、文武双全的人。我们可能对他“文”的一面了解得比较多，因为，我们读过他很多的诗词。对他“武”的一面不太熟悉。接下来，老师就跟大家讲一段有关辛弃疾“武”的一面的故事吧。

辛弃疾年少时所在的老家济南早已沦陷，在沦陷区济南长大的辛弃疾目睹了老百姓遭受的苦难后，便一边从文，一边习武，用心攻读兵书战策，刻苦训练杀敌本领，立下此生驱逐金奴，恢复中原的宏愿。

1161 年，22 岁的辛弃疾加入了耿京组织的反金义军，负责掌管文书和帅印。义军中有个人叫义端，好吃懒做，受不了当差的苦，竟盗走了辛弃疾保管的帅印，准备去金营里邀功。辛弃疾弄丢了帅印，又气又恼，当场向耿京立下了军令状，不追回帅印誓不罢休。

当晚，辛弃疾带领一小队人马埋伏在去往金营的必经之路，果然，天快亮的时候，义端真的骑马路过，辛弃疾不由分说，一个箭步蹿了出来，一刀将那义端砍下马来，义端一见是辛弃疾，吓得魂飞魄散，当即跪地求饶："老兄啊，您饶了我的小命吧！"面对这样贪生怕死的叛徒，疾恶如仇的辛弃疾哪里肯听，不由分说，手起刀落，义端身首异处。

后来，耿京被另一个叛徒张安国杀害，辛弃疾率领五十名骑兵夜袭金营，在数万敌人中，活捉了叛徒张安国，并将其处死。

从这样的故事里我们感受到了辛弃疾"武"的一面。

通过以上的故事导入，学生对能文能武、文武双全的辛弃疾会产生由衷的敬佩，在情感上拉近了与这首词的距离，接下来再学习这首词的时候就会全情投入，沉浸其中。

2. 学生讲述。学生讲述时，可以让学生在课前搜集与古诗文相关的故事，并进行创造性的加工，讲述时尽量做到内容准确、语言生动、富有情感。除此之外，在实际教学中，学生讲述容易出现照本宣科读稿子的现象，应要求学生尽量脱稿，用自己的话讲述，这样讲出来的故事更流畅，更富有感染力。

来看一则案例：

《赠汪伦》教学片断

一位老师在教学《赠汪伦》这首诗时，课前，她让孩子们搜集了有关李白和汪伦之间的故事，上课的时候，她先让学生在小组内交流所搜集的故事，然后请了一位同学上台讲述：

唐朝时候，在安徽南部的桃花潭边，有一个出身贫寒的青年人，名叫汪伦。汪伦家里很穷，读不起书，但是很爱听诗书。当时，大诗人李白已名扬天下，汪伦很喜爱他的诗。他常常想：要是我能亲眼见到李先生一面，那该是多么幸福啊！

这一年春天，李白来到离桃花潭不远的地方游玩。汪伦知道李白就在附近，非常高兴，驾一叶小舟，找到了李白。他欣喜地走上前去，倒身就拜："先生，久仰了！”

李白吃了一惊，定睛一看，原来是个布衣打扮、素不相识的俊俏后生，他眨眨眼说：“年轻人，你找错人了吧？”

“没有，”汪伦咧开嘴笑了，“我找的就是您，青莲先生。”“哦，找我有什么事？”李白含笑问道，他觉得这青年人很有趣。汪伦又鞠了一躬，说：“我叫汪伦。听说先生喜欢饮酒吟诗，今特来奉告，有一个好去处，不知先生可愿前往？”

李白一听，非常高兴，急忙问道：“在什么地方？”汪伦说：“离您这儿不远的地方有一个桃花潭，岸上有十里桃花，万家酒店。”

“真的？”

“千真万确。”汪伦点点头，“不知先生可想去游一游？”

就这样，李白跟着汪伦来到了桃花潭边。

当时的桃花潭边一片荒凉。二人弃船上岸，李白抬头看去，哪里有什么“十里桃花，万家酒店”？正想找汪伦问个明白，汪伦却含笑不语，拉他进了小酒店，拣了个座位坐下，向店家要了一壶老酒，几碟山鲜野味。

李白疑惑地问：“这就是你说的桃花潭？”

汪伦笑道：“是啊，这就是桃花潭。”

“十里桃花，万家酒店呢？”

汪伦微笑道：“我们刚才经过的地方，叫十里边山，这小店门前的那棵桃花，不就是‘十里桃花’吗？”

“那‘万家酒店’呢？”李白又问道。

“先生，您看。”汪伦指着窗外那面迎风飞舞的酒旗说，“喏，那上面不写得清清楚楚。”

李白朝那酒旗瞅了一眼，上面果真写了“万家酒店”四个大字。原来，这酒店是一个姓万的人家开的。

李白这才恍然大悟，扑哧一声笑了起来：“原来如此！”

汪伦这才把心底话儿全掏了出来：“我崇拜先生好久，非常喜欢先生的诗，一心想请先生到寒舍做客，又怕先生嫌我家贫，不肯光临，因此就想了这么个主意。请先生宽恕！”

李白顿时被汪伦的一片诚心感动了。

就这样，李白在桃花潭边住了十多日，受到汪伦和村里人的热情款待。李白临走那天，汪伦恋恋不舍，唱着山歌为他送行。他很感动，诗兴大发，随即吟诗一首《赠汪伦》：

李白乘舟将欲行，忽闻岸上踏歌声。

桃花潭水深千尺，不及汪伦送我情。

学生讲述的这则故事，既让学生了解了古诗的背景，厘清了人物的关系，还能有助于学生对古诗的理解，增强了学习古诗的兴趣。听了故事，再学古诗，有一种身临其境的沉浸感。

3. 影视呈现。采用影视呈现的方式学生是比较喜欢的，在播放视频的时候，学生的注意力能够高度集中，相对于由静态的图片资料和教师解说结合的方式，视频资料能够更加直观地再现故事场景，有利于学生深切地体验故事中的情感。同时，这种方式也有助于高度调动学生积极性，提高学生学习的热情。但在运用这种方式时要注意，教师要维持好课堂秩序，保证学生能够认真地观看和学习；其次，影视资料的长短和内容需要根据具体的教学内容和时段来合理安排，不宜过长或太短，否则达不到教学的效果和目的；第三，在观看之后要引导学生思考和反思，让学生真正地有所思考和收获。例如，在教学《枫桥夜泊》这首诗时，在做到以上三点的前提下，我们可以播放诗人张继创作《枫桥夜泊》相关故事的影视资料给学生观看，会收获较好的教学效果。

总之，故事在小学古诗文教学中的运用是一个系统的过程，故事的选择、呈现以及对故事的分析都是不可或缺的环节。其中，故事选择的类型要根据课堂教学的需要进行，一般有激发兴趣型、促进理解型、丰富体验型、补充信息型、情感熏陶型等等。故事的呈现有教师讲述、学生讲述、媒体呈现等。不管选择什么故事，不管用什么样的方式呈现，只要使用得恰到好处，都能增强学生的学习体验，让学生沉浸于古诗文的学习之中。

第三节　声像带入　走进诗文

随着信息技术的发展，多媒体在教学中已普遍使用。在古诗文教学中，利用多媒体为辅助手段，能有效促进学生沉浸于所学的诗文的意境之中。尤其是声像的使用，更能起到不可替代的效果。

声，是指音频，主要指音乐和诵读音频；像，是指影像，包括图片和视频。

音乐，是一种有关声音的艺术，“音乐生情”，这一艺术的主要功能是抒情。就这一点而言，诗歌与之有相通之处。一是因为：诗，也可以称为诗歌，是可以用来唱的，从某种程度上说，诗歌也是音乐的一种形式。二是因为：诗歌也是用来抒情的，所以，诗歌离不开音乐，古诗文教学也离不开音乐。古诗文的表现形式，或舒缓，如“水缓山舒逢日暖，花明柳暗貌春分。”或澎湃，如“黄河之水天上来，奔流到海不复回。”或豪放，如“想当年，金戈铁马，气吞万里如虎。”或婉约，如“柔情似水，佳期如梦，忍顾鹊桥归路。”音乐也是如此，它通过乐曲进行中力度的强弱对比、旋律的起伏变化以及节奏的抑扬顿挫，呈现的效果也不一样，或委婉连绵，或升腾跌宕。一首与诗文内容、情感相匹配的音乐，能有助于学生对诗文的理解，把学生带到诗文的意境之中。因为，音乐能使人获得比其他艺术形式更为直接、更为丰富、更为生动的感受。音乐具有强烈的刺激力和影响力。当乐曲以旋律、节奏变化的形式作用于学生的听觉，产生感性上的直接体验时，必然会唤起他们心理上相似的反映和情感的共鸣。当学生在音乐声中低吟浅唱着古诗文，音乐的代入感就很好地显现出来。音乐和古诗文的这种通感，也可称为联感，决定了通过音乐更容易把学生带到特定的情境之中。事实也正是这样。音乐像诗文一样，也有自己丰富的语言、鲜明的形象和广远的意境。在音乐的渲染下，儿童很容易直接产生情感体验，激起类似的想象和联想，进而心驰而神往，沉醉其间。

在古诗文教学中，把音乐与古诗文结合起来，作用于儿童的听觉和视觉，会起到相互渗透、相互补充、相互强化的作用。只是选取的音乐与诗文的内容、意境和情感要具有一致性或相似性，尤其在整个基调、意境以及情节的发展上二者应和谐、协调，这样才会获得意想不到的效果，进而达到以音乐渲染特定情境的目的。

请先从网上搜索交响乐《春江花月夜》，并随着音乐，朗读下面这首被称为“孤篇压全唐”的《春江花月夜》。此时，你一定被音乐带入到诗文的内容与意境之中，耳中流淌音乐，脑中浮现场景，心中激荡情愫。

春江花月夜

［唐］张若虚

春江潮水连海平，海上明月共潮生。
滟滟随波千万里，何处春江无月明！
江流宛转绕芳甸，月照花林皆似霰。
空里流霜不觉飞，汀上白沙看不见。
江天一色无纤尘，皎皎空中孤月轮。
江畔何人初见月？江月何年初照人？
人生代代无穷已，江月年年只相似。
不知江月待何人，但见长江送流水。
白云一片去悠悠，青枫浦上不胜愁。
谁家今夜扁舟子？何处相思明月楼？
可怜楼上月徘徊，应照离人妆镜台。
玉户帘中卷不去，捣衣砧上拂还来。
此时相望不相闻，愿逐月华流照君。
鸿雁长飞光不度，鱼龙潜跃水成文。
昨夜闲潭梦落花，可怜春半不还家。
江水流春去欲尽，江潭落月复西斜。

斜月沉沉藏海雾，碣石潇湘无限路。

不知乘月几人归，落月摇情满江树。

实践证明，音乐在古诗文教学中的效果是可见的，也是不可替代的。前提是用得恰当，用得适时，也就是用得要恰到好处。这包括两个方面，一是前面讲过的，所选用的音乐要与诗文的内容、情感、意境等相匹配；二是教学时要在适时的时候播放。那么，一般在什么时候播放呢？我认为，一般在以下几个环节可以使用音乐：一是在导入新课时；二是在学生理解了古诗文的内容之后，品味朗读时；三是引导学生想象古诗文的意境时；四是在抒发、升华古诗文的情感时。

声，除了音乐之外，还有诵读音频。同一篇古诗文，网上能搜到若干个版本的诵读音频，这些音频表达的效果不尽相同，因为“诗无达诂，文无达诠”，每个人对诗文内容的理解不一样，情感的把握不一样，所以朗读的效果也不一样。那么，究竟选择哪一种好呢？当然要选择适合学生的。那么，诵读音频在课堂上什么时候用呢？低年级一般用在初读课文或者为学生示范朗读时，中高年级用在指导朗读、提升学生朗读水平时，或者用在带着学生赏析诗文时。如果使用不适，会影响学生自身朗读能力的形成。在这里要强调的一点是，诵读音频是在教师自身朗读水平一般的情况下使用，如果教师自身的朗读水平很高，那课堂上教师亲自朗读，更形象，更直观，更震撼，更有示范和指导意义。无论是使用朗读音频，还是教师自己亲自朗读，学生无论是模仿朗读，还是创造性朗读，一旦全身心地投入到朗读之中，整个人也就沉浸在诗文之中了。

沉浸式古诗文教学，不但要借助于“声”，还可以借助于“像”。也就是影像，包括图片和视频。这些图片和视频能够把学生带入诗文的意境之中。古诗文有着极其丰富的文化底蕴和思想内涵，有着非常强烈的画面感。每一篇古诗文都能拍摄一段视频，或者若干张照片。这些照片或视频能将古诗文的内容、意境和情感具体化。教材中几乎每一篇古诗文都配有插图，教学时我们应充分利用课本上的这些插图，把学生带入诗文的情境当中，借助插图或理解，或品味，或欣赏，或背诵。除此之外，每一篇古诗文，我们都能在网上搜集到非常丰富的图片和视频资源。当然，课堂的时间有限，我们不可能把所有的资源都用在课堂上，这就要我们教师去甄别、遴选。选择那些切合诗文内容、意境的，选择那些适合小学生审美的。

那么遴选的影像资料上课时什么时候用呢？

第一，用于理解内容时。比如，我们在教学诗句“危楼高百尺”的时候，对于二年级小朋友来说，“危”这个字孩子们不太容易理解。这个时候我们可以借助下面的图画来帮助学生理解。

出示“危”的古体字和一个人站在山崖顶端的图片，让学生想想“危”的意思。引导学生认识到“危”的上面是人，中间是山崖，下面是腿弯曲的形状。人站在山崖上，表示很危险，也表示很高。那么在这句诗中，“危”这个字是什么意思呢？孩子们意见不一，这时老师进一步引导：“手可摘星辰”，伸手都可以摘到星星啦！那说明这个楼怎么样？这时，孩子们一定会异口同声地说：“高！”

第二，用于化解难点时。我们在教学部编版小学语文六年级上册小古文《书戴嵩画牛》时，其中一句“牛斗，力在角，尾搐入股间，今乃掉尾而斗，谬矣。”戴嵩究竟画得谬不谬？我们可以借助一段斗牛的视频帮助学生化解疑惑。

第三，用于表达欣赏时。我们在教学古诗文时，当学生熟读了诗文、理解了诗文的意思、感受到诗文情感的时候，我们要带领学生赏析诗文。

比如，在赏析像《咏柳》《晓出净慈寺送林子方》《饮湖上初晴后雨》《望洞庭》这一类写景诗文的时候，我们可以借助影像，这样可以更加丰富学生头脑中对诗文的想象所产生的画面，也能让学生进一步感受诗人语言的精炼与精准，体会诗歌的语言之美，画面之美，意境之美。

第四，用于拓展延伸时。有些诗文，我们在教学结束后需要进行一些拓展和延伸，或拓展有关诗人的一些趣闻典故，或拓展与本诗文相关的其他诗文，或让学生对该诗文加工创作。这时可以向学生提供一些图画或视频。比如，五年级孩子学了陆游的《示儿》《秋夜将晓出篱门迎凉有感》之后，我们可以通过有关陆游的影像资料，让学生对这位伟大的爱国诗人有更加全面深入的了解，激发他们对陆游的崇敬之情，进而产生爱国之情。

第五，用于指导背诵。部编版小学语文教材中，共有古诗文一百三十多篇，大多数要求孩子们背诵，有助于孩子们丰富积累。指导孩子背诵的方法有很多，通过实践我们发现，借助影像引导学生背诵效果非常好。其实这也是有科学道理的。因为这些影像能够让孩子与诗文的内容建立联结，让孩子通过影像勾连起相关诗文的内容，降低孩子们背诵的难度。

第四节　绘画再现　沉浸其间

绘画，也是一种语言，是一种形象化了的语言，是作者利用线条和色彩把自己想表达的意思和情感表现出来，它具有鲜明的形象特征。文字的东西，往往较为抽象。课堂上，通过绘画把古诗文的内容和情感再现出来，古诗文一下子就会变得具体、鲜明而生动。苏霍姆林斯基曾说：“儿童是用色彩、形象、声音来思维的。”[①] 小学生的思维最大的特点是形象性，他们受知识和年龄等因素的影响，对古诗文用精练的语言表达的意象难以把握，利用绘画元素，借助不同符号之间的转化，把诗文的内容形象化，

① 苏霍姆林斯基．给教师的建议［M］．杜殿坤，编译．北京：教育科学出版社，1984.

帮助学生学习古诗文，这非常符合小学生对形象乐于接受、易于理解的认知特点。学生绘画的过程一定是沉浸于古诗文的过程。

把绘画用于古诗文教学之中是有一定的理论基础的。美国心理学家维特罗克在研究解释提高阅读理解能力的教学策略时，提出了生成学习理论。生成学习理论基于一个重要的假设：学习者不仅仅是信息的被动接收者，更是学习过程中的主动参与者，对于整个学习过程来说，学习者才是学习中的主体，也正是学习者在学习过程中对自己所关注的信息通过主动加工建构出有意义的理解，学习者才进行了有效的学习。维特罗克认为，生成学习的本质就是知识生成。“虽然学生在听课时，可能并没有领会老师所讲授的内容，但是他很有可能会通过自己的主动思索加工，生成相关的意义来理解这些内容”。在学习的整个过程中，只有通过学习者自己把知识和经验通过主动加工生成某种联系，才能真正地掌握并理解这些知识。学习者不但要生成系统整体的联系，而且还要建构出个人的意义。美国教育心理学家理查德·梅耶（Richard E. Mayer）等人认为学习者在阅读文本的时候创造图纸（将文本所表述的各元素之间的关系通过空间关系图的形式描绘出来），可以引导出更好的学习结果[①]。生成性绘画则要求学生在阅读文本时，创造图纸，在这个过程中学习者主动生成加工，从而得到更好的学习效果。在学习者创造图纸的过程中，学习者从信息知识被动的消费者转变为积极参与认知过程的主动学习者，同时将学习材料中的重点知识提取出来，使用绘画的方式将它们组织起来，绘制成连贯的结构画面。生成性绘画的几个步骤：首先，在阅读文本时，学习者选择一些言语材料，将其放在工作记忆中，并在准备绘制时将其重新组织成言语心理模型。其次，在绘制相应的图片时，他们参考图画材料，并在工作记忆中构建图片心理模型。然后，在文本和图画模型之间建立参照连接，建立一个连贯的心理模型，以此作为绘制外部图画的基础。

① 梅耶．应用学习科学：心理学大师给教师的建议［M］．盛群力，等，译．北京：中国轻工业出版社，2016.

生成性绘画强调学习者主动生成绘制画面，强调了学习者的主动生动加工。生成学习理论认为学习者主动建立学习内容和已有知识经验的联系，才能进行有意义学习。

在小学语文古诗文教学中，我们通过合适的引导，鼓励学生参与生成学习，并使用绘画的方式来解释某些学习内容是一种很好的教学策略。绘画策略基于生成学习理论，鼓励学生在学习的过程中，通过主动参与生成学习，在主动思考的基础上将文本内容具象化，在这个过程中学生沉浸在诗文内容中，参与到认知过程中，能达成更好的学习效果。

在小学古诗文沉浸式教学中，教学策略主要是把生成性绘画原则运用于绘画策略。生成性绘画原则强调了生成学习的重要性，强调以学习者为中心。生成性绘画原则运用在小学古诗文沉浸式教学中，初步设计课堂的教学策略如下：①操作性策略。运用生成绘画的目的正是要提高学生的学习参与度，让学生参与到古诗文的学习之中，让学生通过对古诗文描绘场景的再现来加强记忆，让学生在参与中取得更好的学习效果。②探究策略。生成绘画要求学生在教师的引导下，通过自己的理解和想象，再现古诗词所表现的场景。教师所提供的引导是有限的，因此具体的内容需要学生发挥想象来探究，这个绘制的过程也是学生的探究学习。③合作学习策略。生成性绘画要让学生发挥彼此的优势，同时取长补短，弥补学生个体的不足。④评价策略。新课标要求多元评价，因此基于生成绘画的古诗文教学中，除了一贯要求的朗读背诵以外，还可以从学生对于组织活动参与的积极性以及活动成果来进行评价。

如何把生成性绘画原则运用于小学古诗文沉浸式教学中呢？下面以教学部编版小学语文四年级下册《宿新市徐公店》一诗为例简单介绍：

《宿新市徐公店》是宋代诗人杨万里所作，描写的是暮春农村生活中常见的场景，自然真切感人，别有风趣，整首诗画面感极强。在教学时我们可以通过生成绘画理解诗意，感受意境，体会诗人的情感。在揭示课题，初读诗文，了解古诗的基本意思之后，安排生成性绘画环节：

①组织学生分成小组，并说明活动开展方式，明确生成绘画的方式和任务目标。②学生按照老师的要求，开展生成性绘画活动。在此过程中，要求小组成员互帮互助，把对古诗的理解建构组织成的言语心理模型，结合自己的认知水平、知识储备，逐步加工构建成图片心理模型，并在文本和图画模型之间建立参照连接，最后付诸笔端，绘画成图，在绘画的过程中加强对古诗的理解，进而使得绘画更好。③展示及评价。先在组内进行展示，然后选出代表作品，在全班同学面前展示分享。在这个过程中，相机进行点评，可以是生生互评，也可以是师生点评，既要指出优点，也要提出不足，表面上是评价绘画，实际是以评价促进学生对古诗的理解和感悟。④小结。对在这一过程中态度认真、学习主动、绘画效果好的同学进行表扬，并以学生的绘画为媒介，引导学生进一步感受本首诗所描绘的农村恬淡自然、宁静清新的暮春风光，并借助学生绘画，指导学生背诵、品味。

以上两幅作品是学生在课堂上所作

绘画在小学古诗文沉浸式教学中，主要可用于以下几个方面：①以画解意。诗无达诂，每个人对古诗文的理解是不尽相同的，让学生借助绘画表达自己对字词与诗文的理解，在一定程度上唤醒了学生的好奇心与求知欲，用绘画表达诗意、抒发诗情、感受诗文美好的意境。②以画入境。王国维说：“境非独谓景物也，喜怒哀乐亦人心中之一境界。故能写真景物、真感情者，谓之有境界。”意境是情与景、意与象的交融和统一。诗画本相，相通之处在于追求意境。要让学生沉浸于诗文的意境之中，可以让学生以画代言，感受诗文的意境之美。③以画悟情。北宋杰出的画家郭熙说过：“善诗者，诗中有画；善画者，画中有诗。然则绘事之寄兴，与诗人相表里焉。”而王延寿也曾说，“图画天地，品类群生，杂物奇怪，山神海灵。写载其状，托之丹青，千变万化，事各缪形。随色象类，曲得其情。”诗歌与绘画都是抒发感情，传达心怀。形式不一样，情感是相通的。所以，可以让学生通过绘画来感悟诗人所表达的情感。

由于时间的关系，在沉浸式古诗文教学中，绘画主要是以简笔画为主。因为简笔画是一种利用点、线、面的绘画元素来表现事物特征的绘画形式，其概括性、示意性的特点与古诗词中的表达手法有着相通之处。在古诗文教学中，教师可引导学生根据古诗词的表达特点，运用简笔画进行快速勾勒，不仅能够让学生对古诗词形象有直观的感受，而且能够帮助学生感受古诗词的意境。当然，如果是布置课后作业，不受时间约束，那不妨让学生用喜欢的绘画形式来表达，不局限于简笔画，水墨画、蜡笔画等也可以。

在小学古诗文教学中，渗透绘画策略，不仅能让学生沉浸于古诗文的意境和思想情感之中，还能够更好地激发小学生的学习兴趣，强化学生的创新思维和发散思维，激发学生主动参与学习的积极性。值得注意的是，让绘画元素融入古诗词教学只是一种辅助手段，教师要见机行事，让绘画在最需要的古诗词学习中出现，不可滥用，不能喧宾夺主。

第五节　角色扮演　演绎诗文

2022 版《语文课程标准》指出，学生应“能通过诵读、改写、表演等方式，表达自己对感人情境和形象的理解与审美体验”[①]。在平时的语

① 中华人民共和国教育部．义务教育语文课程标准［M］．北京：北京师范大学出版社，2022.

文教学中，根据教材内容改编进行表演是我们常用的教学方法之一。这既是落实课标要求，更是遵循小学生的年龄特点和认知规律，遵循语文学科特性的一种教学举措。

角色扮演教学法在小学古诗文沉浸式教学中普遍使用。因为通过角色扮演，学生能进一步理解诗文内容，对诗文进行再创造，感受作者情感，全身心沉浸于诗文情境之中。

国外关于角色扮演的研究开始得较早，20 世纪 30 年代美国心理学家雅各布·莫雷诺（Moreno）将角色扮演作为一种心理教育方法应用于心理治疗。他表示角色扮演就是设身处地，扮演一个在实际生活中与自己不相关的角色。

角色扮演作为一种教学方法被应用于课堂教学中，最早是由马克·切斯勒（Mark Chesler）和罗伯特·福克斯（Robert Fox）在 1966 年提出。他们在《课堂中的角色扮演方法》中表明：将角色扮演作为一种教学方法，可以使学生更好地体验人际关系，对学生修正行为也有利。他们还联系教学内容提供了相应的角色扮演教学课例。[①]

在语文教学中，角色扮演不是简单地将文本中的情景还原再现，而是学生需要通过模仿文本中的角色神态、语言和动作，借助自身已有的经验对文本进行个性化创造性解读，部分学生分别出演预设的情景中不同的角色，利用角色将课堂上学到的内容有效地表现出来，其余未分配到角色的同学则充当评委及点评嘉宾，在点评互动的过程中，同样加深了对文本的理解和感悟。

小学古诗文沉浸式教学中所用的角色扮演法，是在古诗文教学中用表演的方法来组织开展教学，使教学过程趣味化，而且更贴近生活、充满艺术，让学生通过角色扮演学习古诗文，对古诗文学习产生浓厚的兴趣。在教学过程中，教师根据古诗文内容设置相应的情境，学生首先通过阅

① 陈楠．角色扮演教学法在高中《政治生活》教学中的应用研究［D］．山东师范大学，2016.

读理解古诗文的意思，然后结合自身的生活经验，明确自己所扮演角色的特点，充分发挥自己的能动性和积极性，将古诗文中的人物以及古诗文所描写情节、情境用语言、神态和动作等形式表现出来。

角色扮演在小学古诗文沉浸式教学中的应用，一般有以下几个步骤：

学生在老师的引导下通读、熟读、研读古诗文，对古诗文的内容基本理解之后进入角色扮演环节。

1. 创设情境，激发兴趣。角色扮演以浓厚的学习兴趣为前提，所以，教师在组织学生角色扮演之前，首先要做的是点燃学生的参与兴趣。情境是角色扮演不可或缺的因素，与诗文内容、意境相匹配的情境也能促进学生进入积极的学习状态。因为有效的情境、直观的形象更符合小学生形象思维的特点，能够激发学生的学习兴趣。当孩子们看到与诗文所描述的意境相吻合的情境时，学习兴致大涨，表演欲望大增。所以，我在组织学生学习古诗文的过程中进行角色扮演时，首先会创设一定的情境，来激发孩子们的学习热情。比如，我在教《杨氏之子》这一小古文时，学生通读、熟读、研读原文，基本理解了小古文的意思，这时我创设了这样的情境：教室的大屏上放出一张古代风格的家庭客厅的图片，搬来了事先准备好的小桌，端上事先准备好的一盘杨梅，问孩子们：《杨氏之子》这篇小古文我们已经读懂了，接下来你们愿意把这个故事演出来吗？孩子们一看这场景，顿时来了兴致，异口同声表示“愿意！”，几乎每一位同学都举起了小手。

2. 再读课文，改编剧本。角色扮演即是表演，表演就要有剧本。要想表演得好，必须有好的剧本。在孩子们兴致盎然的时候，老师提出这样的学习要求：这么多同学都想表演啊！要想表演，得有剧本啊，接下来请小组合作，把这篇小古文改编成剧本。改编好之后，我们要进行交流评议，看哪一小组剧本改编得最好。这时要留一定的时间让学生进行小组合作，充分交流讨论，进行剧本改编。改编好之后，各小组派代表上台交流本组改编的剧本，师生进行点评，汇报、点评全部结束后小组再对本组的剧本进行修改完善。以下是其中一组改编的剧本：

【时间】梁国时期某一天

【地点】梁国杨氏的家中

【人物】杨氏之子、孔君平、杨家女佣（这一小组创造性地增加了一个人物）

旁白：在梁国，有一个姓杨的人家，儿子特别聪明。有一天，一位叫孔君平的夫子来拜访好朋友杨氏。

孔君平：（一边敲门，一边问）杨先生，在家吗？

杨家女佣：（一边用围裙擦着手，一边快步向门口走去）来啦！来啦！请问哪位啊？（一边说，一边把门打开）哎呀，是孔先生啊！今天我家大人不在家。

孔君平：（走进院内，大声喊）小杨……小杨……

杨氏之子：（从屋内跑出来）孔伯伯好！我爸今天不在家。您赶快先进屋坐吧。（说着，就把孔君平引进了屋内）

杨氏之子：孔伯伯，您请坐。我去给您泡茶。（不一会儿，端来一杯茶，放在茶几上）孔伯伯，请喝茶。

孔君平：好！好！谢谢小杨！

杨氏之子：孔伯伯，我爸今天出门前刚买了好多水果，非常新鲜，我去拿来给您尝尝。（转身端来一盘水果，放在了茶几上）孔伯伯，您请吃水果。

孔君平：（拿了一个杨梅，在杨氏之子面前轻轻掂了掂）这是你们杨家的果啊？

杨氏之子：（微笑着看着孔君平）孔伯伯，我可没听说孔雀是您家的鸟啊！

孔君平：（沉默了一小会儿后哈哈大笑）你这聪明的小脑袋！（一边说，一边用手轻轻刮着杨氏之子的小鼻子）。（随即杨氏之子也笑了起来）

改编剧本的过程，是学生再次沉浸式解读、理解文本的过程，是对文本进行再加工的过程。在改编的过程中，学生会完全沉浸在小古文的情节和情境之中。他们的理解力、想象力、创造力、表达力都能得到很好地锻炼和提升。

3. 确定角色，小组排练。剧本改编好了，接下来就是确定角色、小组排练环节。角色扮演在小学古诗文沉浸式教学中的有效应用，离不开明确的角色任务分配。学生只有获取了所要扮演的角色，才能真正地走进文本，对角色进行体验。小组成员经过讨论，自主确定角色分工，教师无须过多插手。他们会根据各人的性格、形象、表现力等方面进行角色分配。角色确定之后，学生在小组长的带领之下，进行排练。此时，教师给予一定的引导和提示：角色扮演，不是只把台词背出来，而是仿佛在真实的情境中说话一样，要自然，要注意说话人的身份，以及说话的环境，并且要辅以一定的动作、表情。

4. 汇报演出，交流评价。汇报演出是角色扮演在小学古诗文沉浸式教学中实现有效应用的重头戏。汇报演出的目的不仅是要表演者展现自我，还要使观众们通过观看获得不同的认知。在这里要指出的是：小学生的自控力比较差，容易兴奋过度，场面失控，使表演效果受影响。为了保证角色扮演活动的顺利实施，在组织活动之前，要先明确展现规则，要求学生不嬉笑打闹，不随便说话，否则取消本组的表演资格。当一个小组上台表演时，其他同学不仅要做好观众，还要做好评委，等一组表演结束后，还要进行点评。点评可以从人物的语言、动作、神态、说话的自然度、表演的带入感等方面进行。既要表扬优点，也要指出不足。后面的小组再表演的时候要扬长避短，提升表演水平，提高表演质量。总之，在实施小学古诗文沉浸式教学活动时，教师可以立足小学生的学习特点和文本内容特点，灵活地创设教学情境，激发学生的参与兴趣；分配角色任务，驱动学生合作表演；鼓励学生展示成果，多样评价，从而使学生通过扮演角色，获取阅读乐趣，增强学习古诗文的兴趣，提高古诗文教学的质量。这里必须指出的是，不是任何一篇古诗文都适合角色扮演，只有那些有一定的情节性、场景性的古诗文才可以选用这样的沉浸式的教学方法。

美国教师迪奈乌（K. DeNeve）和黑泊纳（M. Heppner）将角色扮演教学与传统讲授相对比，肯定了它在教学中的效果。认为角色扮演能够缓解学生在课堂中的焦躁紧张，使学生化被动为主动，激发个人学习动机，对小组合作效率的提高也有利。角色扮演在小学古诗文沉浸式教学中具有一定的实践意义：①有助于激发学生学习古诗文的兴趣。古诗文学习相对于白话文来说有一定的难度，学生学习起来会产生一定的畏惧心理。小孩子天生好动好玩、喜欢表演，把角色表演融入古诗文教学中，顺应孩子的天性，能有效激发孩子们学习古诗文的兴趣。②有助于提高小学古诗文教学的质量。对于孩子来说，角色扮演是一种有吸引力的教学活动，孩子们愿意参加，也喜欢参加。角色扮演往往为学生理解古诗文提供了一个接近文本内容的情景，能够促进学生对古诗文进行再理解、再思考、再体悟。③有利于提升学生的语文综合素养。在角色扮演教学中，学生从创造性地改编剧本，到依据剧本进行表演，再到对剧本和表演进行评价，在整个过程中，学生的理解力、想象力、思维力、表达力、表现力、审美力，以及心理素质、批判思维等各方面都得到了锻炼和提升。

我们发现，在平时的教学实践中，运用角色扮演进行古诗文教学，也会存在一些问题：①脱离文本，表演泛化。角色扮演不是简单地将文本中的情景还原再现。表演者需要通过模仿文本中的角色神态、语言和动作，借助自身已有的经验对文本进行个性化解读。在有些老师的课堂上，由于剧本改编没有很好地被指导，甚至有些剧本改变了原文的意思，导致角色扮演没有立足于文本，表演呈泛化趋势，影响了教学效果，甚至造成了教学失效。②问题同质，虚假合作。随着教学改革的不断深入，课堂上学生主体地位的不断提升，学生在课堂上提问的机会越来越多，也随之带来了新的问题。比如课堂上出现了学生重复提问的现象，后面的学生会顺着前面学生的问题去说，不能多角度多维度地提出问题。小组讨论中大部分的话语权都被学习成绩较好且善于表现的学生牢牢占据，而其他同学很难获取发言的机会。如此一来，剧本改编往往是出自个别人的想法，这造成在角色扮演活动中所解决的问题很多都是同质的，甚至在小组合作交流的过程中都掺杂着虚假的成分。表演也成了那些所谓的好学生的主场，使得角色扮演活动只流于形式，而无法产生实质性的教学作用。③场面混乱，效果不佳。学生天性好动，喜热闹，有时候“人来疯”，甚至会“蹬鼻子上脸”，有些老师在组织学生进行角色扮演时，由于要求不清晰，把控不到位，就会造成课堂上场面乱糟糟、闹哄哄，严重影响教学质量。针对这些问题，教师在组织角色表演的时候要明确要求、精心组织、加强引导和指导，尽量减少相关问题的发生。

第六节　吟唱诗文　经典咏传

老师们一定有这样的感受吧：我们小时候学过的歌曲，虽然过去几十年了，但依然会唱，但是我们在小时候背诵的课文现在几乎都不会背了。这是为什么呢？研究表明：音乐是一种强大的记忆工具。长期以来，神经科学家们一直就大脑的记忆机制问题产生争执，但他们在一件事上达成了共识：伴有音乐的信息是最容易被记住的。华盛顿大学圣路易斯分校记忆实验室的心理学教授亨利·罗迪格三世对大脑能够轻松记住歌曲的原理进行了解释：大脑中的海马体和额叶皮层是与记忆有关的两个区域，它们每天会对数百万条信息进行处理[①]。人将信息传递到这两个区域相对比较容易，但想要有效地提取信息却很困难，但是音乐能够提供一个节奏、一种韵律，有的还有头韵，所有这些都是将储存在大脑中的信息释放出来的关键——音乐就好比是一条线索。他举了这样一个例子：如果让某人把一首歌的歌词默写下来，那么他必定会先在脑海中唱出这首歌。旋律使信息得以重复，从而促进记忆。有些研究者认为，相比语言相关的功能，大脑对音乐做出反应的功能要进化得更早。大多数神经科学家都认为，人类发展音乐和舞蹈就是为了有助于信息的提取。

正因为音乐有如此强大的记忆功能，所以它在小学古诗文教学中经常被使用——部编版小学语文教材中一百三十多首（篇）古诗文，大多数

① 布朗，罗迪格．认知天性［M］．邓峰，译．北京：中信出版社，2020.

是要求背诵的。吟唱法是小学古诗文沉浸式教学常用的方法之一。孩子们一旦吟唱起来，就非常投入，心无杂念，整个身心都沉浸在古诗文之中。

“吟”字由“口”和“今”两部分构成，在“吟”字的详细注解中，“口”字的意思是“朗诵、诵读”，“今”字的意思是“当面的”，“口”与“今”组合起来意为“当着众人的面朗诵、诵读”。《辞海》当中的“吟”则释义为“吟咏；作诗”。陈少松先生在《古诗词文吟诵》一书中指出“吟”是拉长声音像唱歌一样地读①。所以，“吟”就是用像唱歌一样的方式，将文章或诗句拉长语调慢慢地诵读出来，是一种具有很强的韵律性、押韵性并有节奏的朗读。唱，“唱”字由“口”和“昌”字组成。“口”与“昌”的含义组合在一起表示“在街市上大声叫卖”。《现代汉语词典》中将“唱”字释义为“按照乐律发出的声音”，所以说，“唱”是根据音乐发出的声音，是以节奏为基础，再根据音乐发声，音乐性较强，“吟”更注重文字，“唱”更注重音乐旋律。朱光潜先生在论及古诗文的阅读方法时，提到一种“长言”的阅读方法，所谓“长言”便是“拉长声音进行吟唱”，只有通过“长言”的方式，才能将古诗文中的意味和神韵表达出来。

在《大辞典》当中，“吟唱”被解释为“吟咏、歌唱”，吟唱就是将诗文有一定节奏地歌唱出来。吟唱的方式主要有两种，第一种是“古法吟咏”，这种方法要求吟唱者在吟唱时注意汉语言文字四声的规则进行发声，还要注意字正腔圆，多为吟唱者根据汉语言文字的发音规则即兴吟唱；第二种吟唱方式是赋予作品固定的曲调再去吟唱，可以是自创曲调也可以是将古诗词带入已有的曲调中。第二种吟唱方式是小学古诗文沉浸式教学中常用的方式。

在《中国教育改革和发展纲要》中提到，要让学生学习中华优秀传统文化，在古诗文教学过程中，同有着几千年历史文化的吟唱法相结合，有助于学生将两种文化融合在一起，更好地学习优秀文化。

央视推出大型诗词文化音乐节目《经典咏流传》，秉承“实现中华

① 陈少松．古诗词文吟诵［M］．北京：社会科学文献出版社，1997.

传统文化创造性、创新性发展”的宗旨，用“和诗以歌”的形式将经典诗词与音乐结合起来，深刻挖掘诗文背后的人文价值与思想内涵，不仅让诗词重新焕发出魅力，也为诗词教学打开了新的思路。康震老师认为，“吟唱是现代音乐手段和古代吟诗技巧的双结合，吟诗入门较难，规律较难把握，通过现代音乐的记录方式，转化为‘唱’，从而呼引出‘吟’的特点和规律，实现两者的互为补充、有机结合，这是加强古典诗歌教学效果的重要途径。”

那么在小学古诗文沉浸式教学中运用吟唱的方法可以采用哪些形式呢？

1. 采用古曲。老曲调都具有悠久的历史，与古诗文有着紧密的联系。教师在课堂教学过程中，可以借助多种媒介搜寻到适合古诗词教学的老曲调，与所讲授的诗词内容相结合，使古诗词更有古典美、音韵美，使孩子们体会到古诗词的深厚的文化底蕴。你可以在 bilibili 上搜索“安达的草台班子”用复原的古曲演绎的马致远的《天净沙·秋思》，一定能感受到古曲那种古老的、醇厚的充满意蕴的美，感受到音乐给人带来的心灵震撼，感受到寂寥苍凉，愁思悠远。

2. 采用现代流行音乐。古曲离我们比较久远，它的演唱风格可能很多孩子不太接受。而流行音乐大多数小学生都比较喜欢，所以采用流行音乐更能让学生较快地吟唱出古诗文。但同一首诗词我们在网络上能搜到多个版本多种风格的演唱，究竟用哪一种好呢？这就要我们老师去甄别筛选，要选音乐与诗词所表达的情感、节奏相吻合的，而不能随意地选取一首用于课堂教学。比如说，我们在教学苏轼的《水调歌头·明月几时有》这首词的时候，可以把吟唱引入课堂。这首词是中秋望月怀人之作，词人运用形象的描绘手法，勾勒出一种皓月当空、亲人千里、孤高旷远的境界氛围，把人世间的悲欢离合纳入对人生的思考当中，感叹人生无不散宴席的同时，更反映出了词人对生活的热爱以及积极向上的精神。因此，所选择的音乐，要符合词的内容和意境。在网上我们搜索了一下，《水调歌头·明月几时有》这首词的演唱有不同风格的十几个版本，我们经过仔细倾听甄选，觉得王菲演唱的版本最契合词的内容及主题，也适合孩子们欣赏。

3. 采用儿童歌谣。现代流行音乐比较适合高年级学生，因为高年级学生心理机制逐渐成熟，对流行音乐接触得比较多。对于低年级学生来说，儿童歌谣更为适合。因为这个阶段的孩子认知和思想、思维还不够成熟，他们的年龄特点更适合节奏明快、积极乐观的儿童歌谣。尤其是一年级的小朋友刚从幼儿园进入小学，如果采用儿童歌谣来学习古诗文能起到很好的幼小衔接的作用。值得注意的是，同一首（篇）诗文会有很多版本的儿童歌谣，我们同样要注意筛选，要选择演唱风格适合孩子的、演唱能较好表达诗词情感的。以下是我们在平时的教学中为各年级孩子遴选的古诗文吟唱曲目。

- 一年级 1:风.mp3
- 一年级 2:古朗月行.mp3
- 一年级 3:画.mp3
- 一年级 4:静夜思.mp3
- 一年级 5:咏鹅.mp3
- 一年级 6:悯农.mp3
- 一年级 7:春晓.mp3
- 一年级 8:江南.mp3

- 二年级 1:敕勒歌.mp3
- 二年级 2:登鹳雀楼.mp3
- 二年级 3:望庐山瀑布.mp3
- 二年级 4:相思.mp3
- 二年级 5:寻隐者不遇.mp3
- 二年级 6:夜宿山寺.mp3
- 二年级 7:所见.mp3
- 二年级 8:采莲曲.mp3

- 三年级 1:江畔独步寻花.mp3
- 三年级 2:送元二使安西.mp3
- 三年级 3:竹枝词.mp3
- 三年级 4:山行.mp3
- 三年级 5:望洞庭.mp3
- 三年级 6:夜书所见.mp3
- 三年级 7:望天门山.mp3
- 三年级 8:早发白帝城.mp3

- 四年级 1:暮江吟.mp3
- 四年级 2:饮湖上初晴后雨.mp3
- 四年级 3:鹿柴.mp3
- 四年级 4:赠刘景文.mp3
- 四年级 5:清平乐·村居.mp3
- 四年级 6:宿新市徐公店.mp3
- 四年级 7:四时田园杂兴（其一）.mp3
- 四年级 8:木瓜.mp3

- 五年级 1:明月几时有.mp3
- 五年级 2:山居秋暝.mp3
- 五年级 3:示儿.mp3
- 五年级 4:题临安邸.mp3
- 五年级 5:长相思.mp3
- 五年级 6:木兰诗.mp3
- 五年级 7:题西林壁.mp3
- 五年级 8:出塞.mp3

- 六年级 1:回乡偶书.mp3
- 六年级 2:六月二十七日望湖楼醉书.mp3
- 六年级 3:书湖阴先生壁.mp3
- 六年级 4:浪淘沙·九曲长河万里沙.mp3
- 六年级 5:西江月行黄沙道中.mp3
- 六年级 6:江畔独步寻花.mp3
- 六年级 7:凉州词.mp3
- 六年级 8:四时田园杂兴（其七）.mp3

吟唱在古诗文教学中如何运用呢？

1. 用在古诗文的教学导入环节。在古诗文教学中，由于古诗文历史悠久，学生无法身处在当时的背景下，在感悟作品时会遇到困难，所以古诗文教学的导入环节极为重要。采用吟唱的方法导入，能让学生融入到古诗词的意境中，感受诗人创作时的心情，收到很好的效果。

吟唱可以激发兴趣。调动学生学习兴趣的重要性不言而喻，为了让学生在一堂课开始的环节就产生浓厚的学习兴趣，我们在教《春晓》这首诗时，导入环节就采用了吟唱的方式。上课伊始，老师就吟唱了儿童歌谣风格的《春晓》：

5 5 3 1 5̣ - - - |5 5 5 3 3 1 2 - - - |
春 眠 不 觉 晓， 处 处 闻 啼 鸟。

5 5 6 5 6 5 1 3 0 |2 2 5̣ 2 1 - - - ‖
夜 来 风 雨 声， 花 落 知 多 少。

这首歌轻快明丽，悦耳动听，孩子们一看老师今天语文课上唱歌了，顿时来了兴致，甚至有些小朋友都跟着老师一起唱了起来。学生的学习兴趣明显浓厚了，在这样的课堂情境中组织学生学习，效果非常好。在通读、熟读、研读之后，学生基本明白了诗的意思，体悟到诗的情感。此时组织学生学唱这首诗，课堂气氛活跃，学生学习积极性高涨，完全沉浸在课堂氛围和诗歌情境之中。在吟唱的过程中不知不觉会背了，在吟唱的过程中也进一步体会了诗人所要表达的情感。

吟唱可以把学生带入情境。学生能够融入到作品的意境中是学懂这首诗的前提，学生身临其境才能做到感同身受，所以在古诗文教学的导入环节让学生融入到作品的意境中是教学的重点。有位老师在教学《送元二使安西》这首诗时，采用了吟唱的导入方式：

6. 1 3 2 | 1 2 2 - | 5. 6 5 3 5 5 3 2 | 1 2 2 - |
渭 城 朝 雨 浥 轻 尘，客 舍 青 青 柳 色 新，

1 6 6 6 5 6 | 6 - 6. 1 3 2 | 1 2 2 - ‖
劝 君 更 尽 一 杯 酒，西 出 阳 关 无 故 人。

唱完之后，老师问学生：大家听了老师的吟唱有什么体会？学生说：感觉老师唱得很悲伤。老师接着问：老师为什么要唱得这么悲伤呢？学生：因为诗人要送别他的好友，非常不舍得，所以很伤心，老师在吟唱的时候也就悲伤了。紧接着，老师又问大家在听老师吟唱的时候头脑里面有怎样的画面？有的说，仿佛看到了两个好朋友依依惜别的情境；有的说，仿佛看到了屋外春雨淅淅沥沥，飘洒在刚刚发芽的柳树上，屋内两位好友举杯话别的情景……就这样不知不觉地把学生带入了诗歌的情境之中。

2. 用在古诗文教学的鉴赏环节。2022 版《语文课程标准》在总目标中指出，学生要能“初步鉴赏文学作品”。古诗文是最值得玩味和鉴赏的。鉴赏是指鉴别和欣赏作品的语言文字究竟美在哪里，鉴别和欣赏作者传达的感情深刻在哪里。从中习得表达方法，领会情感，获得审美体验。所以，在教学古诗文时，鉴赏环节不可或缺。利用吟唱的方式，引导学生鉴赏古诗文，会收到意想不到的效果。鉴赏，一般是在学生通读、熟读、研读古诗文之后进行。例如，我们在教学王维的《山居秋暝》时，就采用了吟唱鉴赏的形式。先让学生观看中央电视台《经典咏流传》上播放的《山居秋暝》的影视资料。接着，让学生结合视频说一说这首诗美在哪里。

有的说，这首诗美在意境：空山雨后空灵高远，安静祥和，松间明月的光照，石上清泉的声音以及浣女归来竹林中的喧笑声等，和谐完美地融合在一起。意境非常美，美得像一幅清新秀丽的山水画。

有的说，这首诗美在情感：从这首诗中我们能感受到诗人寄情山水田园，并对隐居生活怡然自得的满足心情，并把这种心情流淌于笔端。

有的说，这首诗美在遣词造句：比如说“空山”两字让我们感受到

了此处有如世外桃源，空气清新，景色美妙。又比如说“竹喧”“莲动”，让我们读到了浣女是隐在竹林之中，渔舟被莲叶遮蔽，起初未见，等到听到竹林喧声，看到莲叶纷披，才发现浣女、莲舟。很真实，也很有诗意。

3. *用在古诗文教学的背诵环节*。在平时的听课中，笔者发现很多老师在教学古诗文时，缺少背诵指导环节，认为课堂上读懂了，背诵就留着回家完成吧。其实这样的做法是不可取的，因为这样孩子们即使会背了，也是死记硬背，机械背诵。背得枯燥、背得乏味、背得低效、背得失去兴趣、背得“去之必速”。所以，在古诗词教学中，一要加强背诵指导，二可以用吟唱的方式帮助学生背诵。因为前面说过：音乐是一种强大的记忆工具，伴有音乐的信息是最容易被记住的。在教学中，我们发现，孩子们用吟诵的方式进行背诵，背诵时效率很高，而且背得很愉悦，记忆效果更好，遗忘的速度也越缓慢。

4. *用在古诗文活动环节*。学习古诗文，不仅要在课堂上学习，还可以通过各种活动促进学生学习。学校可以定期围绕主题开展古诗文吟唱活动，这样有助于学生在学习古诗文的过程中感受传统文化精神，领悟传统文化的魅力，能够更好地传承中华传统文化。能让学生全身心投入于古诗词的意境美中，培养学生对古诗文浓厚的兴趣，提升学生的核心素养。

纵观前面所说，吟唱在小学古诗词教学中具有非常重要的意义。

首先，吟唱提高了学生对古诗词的鉴赏能力。学生在吟唱时不仅是在唱，还在聆听，还在想象诗中的意象，与诗人产生情感上的共鸣。所以学生可以通过吟唱诗歌产生特定的审美心境，来提高艺术鉴赏能力。教师通过吟唱的方式传递古诗文中诗人流露的情感，在音乐的烘托下创设诗文中的唯美意境，使学生有一种身临其境的美妙感。学生们能够全身心享受古诗文带来的古韵之风，从而提高学生对古诗词的鉴赏能力和感悟能力。

其次，吟唱能提高学生对古诗文的学习兴趣。部编版教材十二册小学语文书中一共有一百三十多首（篇）古诗文，孩子们学习起来有一定的压力。用吟唱的方式学习，音乐能使他们心情愉悦，古诗文吟唱开启了背诵诗词的大门，孩子们在优美的旋律下将诗词唱出，能够激发学生的兴趣，促使学生对古诗文学习产生强烈的欲望。

再次，吟唱很好地落实了课标对古诗文的学习要求。2022 版《语文课程标准》中关于古诗文的学习要求，重点放在“情”和“思”上。吟唱是落实这一重点的方法之一。通过吟唱的方式加深学生对古诗词的理解，体会作品中的“情”与“思”，初步学习鉴赏古诗词，做出自己的判断和评价。课程标准还提到要“通过语调、韵律、节奏来理解作品的内容、体会情感”，古诗词吟唱时注重的便是诗句中的语调、韵律和节奏，通过吟唱的方式可以对理解作品内容和体会作者情感起到辅助性的作用。

最后，吟唱能改善学生背诵古诗文的效果。现代小学语文古诗文课堂常用的背诵方式也就是无声背诵和有声背诵。默背调动的感官少，效果不明显：一字一拍，单调乏味，节奏千篇一律。用吟唱法来识记古诗文，可以通过文字和声音对大脑皮层形成多种刺激，有力地激发大脑的想象力，从而促进记忆的敏捷性、准确性和持续性。所以这种方法是符合记忆规律，既快捷又高效的方法。著名电视节目主持人康辉老师在《经典咏流传》节目中曾说过，《岳阳楼记》是学生最难记忆的古文之一，但通过吟唱的方式却能很快就能记住它。康辉、尼格买提、撒贝宁、朱广权在《经典咏流传》节目中用演唱的方式演绎了《岳阳楼记》，引起全场震动。

第七节　多种感官　感受诗文

让我们先看一个案例：

一位老师在给二年级小朋友讲授王安石的《梅花》。在经历了通读、熟读、研读之后，老师从讲台下面拿出一个不透明的白色袋子，把密封的袋口打开，并不言语，这时有学生情不自禁地叫了一声“好香啊！”

师：刚才张志刚小朋友说闻到了香味，还有其他小朋友也闻到了吗？

生：我也闻到了。

生：我也闻到了……

师：你能说说你闻到的是什么样的香味吗？

生：我闻到的香味，有点像妈妈平时搽的香水的味道，淡淡的。

生：我闻到的有点像我吃过的小香瓜的味道，淡淡的，甜甜的。

生：我家车子里放的香薰，也是这个味道，不过这个味道稍微淡一点，我觉得更好闻。

师：同学们说得非常好，能把看不见摸不着的香味说得这么形象生动，有形有质。今天，我们学习了王安石的《梅花》一诗，不用问，你们肯定知道这香味来自哪里。

生：（异口同声）梅花！——

师：想看吗？（随着学生的回答，老师把袋子脱掉，一束雪白的梅花露了出来。）

生：好白啊！像雪一样白！

生：它不是雪，它有香味。

生：每一朵有五个花瓣，中间有黄黄的花蕊，好漂亮。

师：想摸一摸吗？（老师请了一位女孩上台）

生：（女孩轻轻地认真地用右手的食指和拇指摸了摸）好软啊，有点像丝绒。

师：（随手把这束梅花戗在教室墙角边）让我们一起看着它，背一背这首诗吧！

生：墙角数枝梅，凌寒独自开。遥知不是雪，为有暗香来。（学生背得特别带劲，特别投入。）

以上教学片段，教师把多种感官运用到《梅花》这首诗的教学之中。其中有嗅觉、触觉、视觉等，学生学得非常投入，整个身心都沉浸在这首诗的内容和情境之中，效果非常好。

很多古诗文都能体现诗人运用了多种感官，我们在教学时，不妨充分利用好这一元素，调动学生的学习积极性，提高教学效果。如，杨万里的《闲居初夏午睡起·其一》“梅子流酸溅齿牙，芭蕉分绿上窗纱。日长睡起无情思，闲看儿童捉柳花”含有味觉、视觉、触觉等元素。小古文《王戎不取道旁李》也是这样。又如，志南的《绝句》“古木阴中系短篷，仗藜扶我过桥东。沾衣欲湿杏花雨，吹面不寒杨柳风”含有触觉、动觉等元素。再如，孟浩然的《春晓》“春眠不觉晓，处处闻啼鸟。夜来风雨声，花落知多少”含有听觉、视觉元素。在教学这样的古诗文时，教师要注意调动学生的多种感官。

“感官”是感觉器官的简称，在现今科学所熟悉的范围中，人体有五大感官：眼、耳、鼻、舌、身，是人接受外界事物刺激的器官，是人与外界联系的纽带。这五种感官所形成的分别是视觉、听觉、嗅觉、味觉和触觉。根据感觉刺激的来源，可把感觉分为两大类：外部感觉和内部感觉。外部感觉指接收机体外的刺激，反映外界事物的个别属性，有视觉、听觉、嗅觉、味觉、肤觉。内部感觉指接收机体内的刺激，反映机体内部变化的感觉，主要有运动觉、平衡觉、机体觉等。[①] 所以我们平常所说的动觉（运动觉）不属于一般意义上五种感官的范畴，动觉与肤觉组成触觉。但它也是感觉的一种，能够辨别身体各部位的运动状况和位置变化，对我们学习和教育教学有重大意义，所以我们这里所说的多感官也包括动觉。

其实在学习中调动多种感官，在我国古代就有所运用。如《论语》中“多闻，择其善者而从之；多见而识之”，明确表示视觉、听觉两种感官学习方式的重要性。清代文字学家王筠在《教童子法》中也记载：“蒙养之时，识字为先，不必遽读书。先取象形、指事之纯体教之”。在儿童启蒙阶段，先不要急着立即读书理解，而是先学一些简单又富于形象性的字。

法国十八世纪伟大的启蒙思想家、教育家卢梭也强调过感官教育的重要性。在其著作《爱弥儿》中，卢梭首次详细论述了人的各个感觉器官——视觉、听觉、触觉、嗅觉、味觉及其第六个感觉的意义、作用、训练方法及彼此之间的关系。

① 李美华．心理学与生活［M］．长沙：湖南师范大学出版社，2017.

20世纪末，新西兰女教育学家克里斯蒂·沃德把脑科学理论运用于教学实践，经过对众多规律的大量研究提出了著名的友善用脑概念，这是个教学新理念。沃德在其著作《友善用脑》一书中提到了多个感官教学法，她否定单项用脑，支持全面用脑，全面开发利用感官。老师要在把握学生感官倾向的基础上，采用各种各样的方法发展和加强学生大脑的综合功能。她认为通过多感官教学，最大限度地激活大脑，学习就能事半功倍。[①]

多感官教学原本是一种补救教学模式，目的是突破教师教学和学生学习的障碍，作为一种事后补救措施还没有应用于教学全过程。由美国学者傅娜（Grace Fernald）于1920年提出的多感官学习策略，是为学习障碍学生发展的一种结合视觉、听觉、动觉、触觉的多感官策略，又称“VAKT模式”。随后傅娜于1943年提出多感官教学法，根据傅娜的多感官教学理论，多感官教学的内涵可理解为：同时使用各种学习感官通道（视觉、听觉、嗅觉、味觉、触觉、运动觉）以增强学习。

换句话说，多感官教学法就是在教学中，充分唤醒学生身体各部分感觉器官的意识，运用感官的知觉功能，把知识熔铸于不同的感官活动中，如让来自嗅觉的知识还原于嗅觉体验，来自听觉的知识还原于听觉体验，来自触觉的知识还原于触觉体验……让学生从不同的感官渠道获取信息。它充分调动学生的一种或多种感觉器官参与到实际学习中，注重学生的亲身体验和真实感受，让知识变得可知可感。多感官教学法应用于具体的教学有两种路径：第一，行动感官。通过看、听、摸、嗅、闻、尝、运动等动作，直接作用于人体的眼、耳、鼻、舌、身这些感觉器官，在身体部位直接参与感觉体验下，信息经由神经传导在大脑中形成。第二，意识感官。通过语言描述，或呈现文字、图片视频、实物等材料，激发学生的想象思维活动，形成感觉认知。简言之，一种是外显的具体的身体活动，一种是内隐的抽象的思维活动。

① 沃德．友善用脑［M］．王斌，译．天津：天津社会科学院出版社，2003.

在小学古诗文沉浸式教学中，如何运用多感官教学呢？

1. 用眼睛去观赏。在古诗文教学中，我们可以采用多种方式调动学生的视觉感官，带领学生去观赏、去感受。一是采用多媒体辅助手段，为学生提供与古诗文内容和意境相匹配的图片或视频。（这部分内容，前面已经讲过了，不再赘述。）二是可以带学生去实地实景亲眼观赏，这样效果更好，是多媒体不能给予的。比如，在教学王安石的古诗《梅花》后，组织学生到南京的梅花山实地观赏梅花。当孩子们来到拥有1500多年历史、被誉为“天下第一梅山”的梅花山时，他们不仅能看到千亩梅山，万株梅树，还能看到四百多个品种颜色各异的梅花，那种冲击和震撼，远远超出诗歌本身。

2. 用舌尖去品味。据科学研究，味觉记忆比视觉记忆更长久。这可能是人类在进化过程中，为了生存而保留并逐渐增强的功能。在远古时代，人类在野外采集果子食用，遇到苦的、酸的、有毒的，肯定会对相应的味道记忆深刻，时间长了，这种味道甚至能刻在基因里。久而久之，味道便促进了记忆。在古诗文中，有很多与味道有关的，我们可以借助味觉的特殊功能，带领学生品味诗文。比如，我们在教学杨万里的《闲居初夏午睡起·其一》一诗中“梅子流酸溅齿牙”这句诗时，老师把事先准备的梅子（酸的）给学生品尝，有的学生一颗梅子入口顿时就捂着嘴叫了起来“好酸啊！”，有的连忙吐掉，即使吐掉了，还叫“酸！酸！”。这时再让学生读诗句，说诗句的意思，老师不用教，学生自然体悟。

3. 用鼻子去体会。气味似乎有一种魔力，能帮我们唤起某段早已被忘却的回忆。从街边面包店飘出的香味可能就像一道时空之门，瞬间带你回到了数年前去过的一家小咖啡馆，或者某条繁华街道。气味为何能激发强烈的回忆，特别是那些满怀情绪的回忆呢？研究认为，这是因为负责处理气味、记忆和情绪的脑区在很大程度上相互交织在了一起。气味是唯一能直接到达大脑中情绪与记忆核心脑区的感觉。这样一来，情绪、记忆和气味之间就建立起了紧密的联系。正因为如此，能够被气味勾起的回忆往往更加情绪化。有时突然闻到某种熟悉、但已被忘却许久的气味时，人们甚至可能泪流满面。在古诗文沉浸式教学中，我们可充分利用人的这种嗅觉功能，帮助学生理解和记忆诗文，甚至激发情感。在教学杨万里《咏桂》一诗时，我们就采用了这样的感官教学法：

咏桂

［宋］杨万里

不是人间种，移从月中来。

广寒香一点，吹得满山开。

在学生通读、熟读、研读之后，教师端出一盘桂花让学生嗅闻，并让学生说说什么时候、在什么地方也闻过这种香味。有的说，我们学校的后院生长着几棵枝叶茂盛的桂花树，在秋天的时候，整个校园浸泡在桂花的香味之中，我们天天都能闻到。有的说，我家院子里虽然只种了一棵桂花树，但是，到了秋天，整个小院都是桂花香，这真是“广寒香一点，吹得满院开”啊！这样，把嗅觉与学生的生活实际相联结，勾起学生的情绪记忆，有助于学生对古诗文的理解与感悟，学生能从中获得更多体会。

4. 用耳朵去领悟。听觉功能在学习中是不可或缺的，在古诗文沉浸式教学中，同样不可缺少。在教学中，主要从两个方面实施。一是播放或模拟有关诗文中涉及的声音，加深学生对诗文的理解。比如：在教学“两个黄鹂鸣翠柳”的时候，我们可以播放黄鹂的叫声，在教学《六月二十七日望湖楼醉书》“黑云翻墨未遮山，白雨跳珠乱入船。卷地风来忽吹散，望湖楼下水如天”时，我们可以播放刮大风的声音、下暴雨的声音。这些声音，都能很好地帮助学生理解诗文，感受诗文意境。二是朗读诗文，学生用耳朵去领悟。课堂上，或是老师范读诗文，或是学生朗读诗文，或是播放诗文朗读录音，学生通过倾听有感情的范读，从中能理解到诗文的意境、情感，感受到诗文的语言凝练，语句优美，进而喜欢上诗文，喜欢学习诗文，培养了学习兴趣，提升了朗读水平。

5. 用触觉去感受。触觉在古诗文学习中也能带给学生沉浸式的感受。

学生自己亲手去触摸的东西必定比那些只是从文本中读来的更有感觉。比如，四年级学生在学习小古文《铁杵成针》时，老师拿出一根铁棒，让学生去触摸，然后让学生说说触摸后的感受。“这么粗的铁棒，怎么可能磨成针呢？”“这个铁棒太硬了，根本没法磨。”“这样又粗又长的铁棒，要磨成针，得要多长时间啊！”就这样，学生在触摸交流的过程中，不知不觉感受到了文本的思想内涵和教育意义。再比如，六年级学生在学习《石灰吟》这首诗时，教师先拿出石头给学生触摸，再拿出石灰给学生捻磨，学生在触摸的过程中，能感受到石头变成石灰所经历的“烈火焚烧”“粉身碎骨”的艰难历程，体会到石灰要留清白在人间的坚定信念。

6. 用运动去带入。身体运动会影响学生的学习能力和专注力。保罗·丹尼森（Paul Dennison）和盖尔·丹尼森（Gail Dennison）所著的《大脑健身房：全脑学习的简单活动》这本书提出任何人都可以做的简单的体育锻炼，它们能帮忙提升精力和认知功能。卡拉·汉纳福德（Carla Hannaford）所著的《聪明的举动：为什么学习不是你头脑中的全部》提出身体运动在情感发展和语言发展，以及学术成就中的作用。运动可以融入课堂，提升学生精力，加深学生对内容的理解，从而激励整个班级的学习氛围以及教学质量的提升。很多老师都会有这样的体会，当学生在课堂上昏昏欲睡的时候，让他们站起来运动运动，跟着老师的口令拍拍手、拍拍肩、跺跺脚，同桌互相交叉拍手等等，一会儿学生的精神状态明显好转，不再昏昏欲睡，课堂学习气氛不再沉闷。

我们在教学古诗文时，将运动带入课堂，学生会学得特别有兴趣，特别有激情，特别投入，同时也加深了对古诗文内容的理解，和情感的感受。在古诗文沉浸式教学中，运动一般有两种形式。一是随文而动。也就是依据诗文内容，根据自己的理解做出一系列动作，这些动作既是对诗文内容理解的表达，也是对诗文情感的表达。二是“踏歌而动”。也就是在朗读或背诵时随着诗文的节奏，用手或用脚打着节拍。

多年的实践让我们深切地感受到多感官融入小学古诗文沉浸式教学

使学生受益良多。

1. *多感官刺激，学生沉浸课堂之中。*由于调动了多种感官，所以课堂上学生兴趣盎然，学生有了兴趣，学得才能投入，才能沉浸。以往，以应试为主要目的的古诗文教学，忽视了小学生天性，主要以背诵、默写和朗读为教学方式的古诗文课堂，使整体课堂氛围变得枯燥无味。而多感官教学下的古诗文课堂，一方面来自学生的直接参与和亲身体验，另一方面是对事物本质尽可能真实全面的展现。改变了以往的“朗读—翻译—背诵—默写”的教学状态。不仅让课堂教学形式多样、教学活动丰富，更是唤醒了儿童的情感和兴趣，使课堂成为学生沉浸式学习的场地。

2. *多感官体验，学生回归学习主体。*一直以来，我们都在倡导“学生是学习的主人。”“学生是学习的主体。”而多感官教学法就是实现学生主体性的最好方式之一。整个过程中以多感官刺激，看是学生看，听是学生听，闻是学生闻，品是学生品，摸是学生摸，动是学生动，以此激发学生兴趣，激活学生思维，加深学生记忆。学生多感官体验，动用全部的心智去感受、去体会，从中享受乐趣，快乐学习，成为学习的主人。

3. *多感官协同，学生记忆力得以提升。*小学古诗文大多数是要学生背诵的，如果死记硬背，那将“去之必速”。研究表明，人通过不同的感觉器官获得知识的记忆效果是不一致的，识记时充分利用多种感官协同作用比仅仅依靠单一感官的效率要高。因为通过眼看、耳听、口念、手写、脑思和身体各部位的触动等，发挥多种感官与联系通道的协同作用，大大提高了记忆效率。所以，在小学古诗文沉浸式教学中，利用多种感官协调，学生不仅记得快，还记得牢。

第八节　静水流深　个性表达

小学古诗文沉浸式教学，首先要学生潜沉古诗文的意境中、内容中、思想情感中，然后积极调动“个体语言经验”，寻找到一种适合自己的语言并将其表达出来。

一、个性表达：学生个体语言经验发展的必然结果

2022版《语文课程标准》在论述“语言运用”这一核心要素时要求：“了解国家通用语言文字的特点和运用规律，形成个体语言经验。”在论述学生核心素养四个要素的关系时指出：“在语文课程中，学生的思维能力、审美创造、文化自信都以语言运用为基础，并在学生个体语言经验发展过程中得以实现。”[①]两处论述都不约而同地出现了一个词——“个体语言经验”。这两处的共同出现首先是彰显着发展个体语言经验的重要性。个体语言经验是学生语言运用能力的整体表现，是随着语言运用能力的逐步发展而形成的。对于发展个性表达而言它是基础。没有丰富的个体语言经验就不会有学生的个性表达，换句话说就是一个具有个性表达能力的学生必然有着丰富的个体语言经验。同时它也是目标，语言运用能力获得更优势发展的体现就是学生具有丰富的个体语言经验，并能卓越地将个体语言经验转化为个性表达，表现出他这个年龄阶段语言发展的成熟。也就是说个性表达有其鲜明的阶段性，“成熟”只是一个相对的概念。那么何谓个性表达呢？“语言要呈现出来，有各种个性风格：有的豪迈，有的婉曲；有的明白晓畅，有的典雅精致。我们认为，2022版《语文课程标准》所谓的‘形成个体语言经验’，就是寻找一种适合自己的表达语言。”[②]以此观照，我们觉得个性表达就是学生面对不同问题或不同观点，在个人思考后能积极调动“个体语言经验”，寻找到一种适合自己的语言将其表达出来。那么，学生要具备个性表达的能力须一边丰富自己的个体语言经验，一边去“寻找一种适合自己的表达语言”来进行个性表达。换言之，学生要具备个性表达能力须将学习积累与寻找运用相结合，二者相互促进，共生共长，共同促进学生个性表达能力的发展。

① 中华人民共和国教育部．义务教育语文课程标准［M］．北京：北京师范大学出版社，2022.

② 边建松．正确领会和落实“个体语言经验”概念［J］．中学语文（教师版），2019（9）．

学生的个性表达能力应具有三个特点。一是思想性。笛卡尔说“我思故我在。”思想是语言的内核，语言是思想的外壳。思想性是个性表达不可或缺的重要因素之一，是个性表达语言具有质感的基础和前提，是个性在表达中赖以生存的根本。二是独特性。“在个人经验基础上，逐步建构起自己的言语体系，包括属于个人的言语心理词典、句典和表达风格。”[①] 也就是说个性表达主要表现于个体在表达中一直积极寻找并尝试在语言实践中运用，进而形成了具有标识性的独属于自己的词语、句子，甚至是构段构篇的鲜明个人特色。三是发展性。康德说：“人是目的。”个性表达的哲学追求是人的精神发展。个性表达可以作为撬动古诗文教学的支点，因为其重要的价值就在于它的未完成性，它始终开放的吐故纳新的状态对学生成长的意义，因此理解个性表达应该从指向学生具体生命成长的角度出发。个性表达关注学生随着生活经验的积累和年段知识与能力的提升而日渐丰富的“个体语言经验”，关注对学生的个人体验、思考与感悟的滋养，并适时提供语言实践的机会让他们能及时地分享交流。其间教师还可引导学生进行对比性的反思与改进，从而获得语言与精神的双重发展。

因此，在语文课程的教学中鼓励、发展学生的个性表达应该成为我们语文教学的目标之一，成为落实学生核心素养的一个抓手。

二、个性表达：沉浸式古诗文教学的支点所在

结合对新课标学习的逐步深入，对现实诗文课堂客观认知的不断清晰，以及对个性表达置于古诗文教学课堂的研究探索，我们觉得将个性表达作为撬动古诗文教学的支点会很大程度上改变古诗文教学的现状。诚如古希腊科学家阿基米德所说：“只要给我一个支点，我就能撬动整个地球。”其原因首先是个性表达这一支点将会导引我们主动去研读诗文。要想让学生在课堂中有高质量的个性表达，教师须对这篇诗文有深入的解读，独到的见解，须能抓到这篇诗文值得品味的词句，并能以充满情趣的方式呈现，

① 王宁．谈谈语言建构与运用［J］．语文学习，2018（1）．

以激起学生讨论研究的热情，激活他们的思维，如此才能培养学生充满思想、富有创意的个性表达能力。其次，个性表达这一支点会引导我们主动去研究学生，研究新课标。个性表达的基础和前提是学生得有相应的个体语言经验，学生面对教师提出的问题能想得到，能说得出。这就需要我们正视学生的身心发展规律，正视 2022 版《语文课程标准》提出的新理念以及相应年段的诗文学习要求，正视学生的生活积累和个体语言经验。那么这将意味着我们会科学客观地制定目标，设计适合学生的语言实践活动。最后，个性表达这一支点还会引导我们自觉主动地开展学生诗文拓展积累的自觉行动，帮助他们最大可能地去丰富个体语言经验，让学生的个性表达首先成为可能，其次追求更具独特性，更有内涵。傅雷先生说："七八岁的孩子，记忆力正强，与其乱记些无甚大用的顺口溜，不如多背些古诗古文。中国的好诗文多得很。一首首一篇篇地储存在脑子里。日子长了，印象极深。待长大些，再细细咀嚼、体味，便悟出了其中意义。这叫作反刍。"反刍的前提是学生要有一定的积累，然后随着知识的增加，生活阅历的增长才有可能产生反刍。大量的积累让学生变得底蕴丰厚，"静水流深"，更会让学生具备古诗文的初步语感，以帮助其丰富个体语言经验，提升个性表达的"质"。据此认识，我们坚持认为个性表达是小学古诗文沉浸式教学行之有效的策略之一。那么，如何培养学生的个性表达能力呢？

三、个性表达：古诗文教学语言运用的支点策略

在研究实践中，我们觉得将个性表达作为古诗文教学语言运用的支点很好地改变了课堂氛围，改变了学生被动的学习状态，改变了学生言不由衷的撕裂性表达，学生能沉浸于诗文的学习之中。我们欣喜地听到了学生表达中个性的绽放，无论是其思想的敏捷深刻性，还是语言的严密准确性都足以鼓励我们继续研究。

（一）多维创设入情境，个性表达蕴情思

"情思，是古诗词的灵魂。"[①] 诗文多是生活中作者引发的情思，情

① 王书月．基于语言建构与运用的古诗词教学策略［J］．语文建设，2019（1）．

动而辞发。无论岁月过去多久，情思相通。这是作为老师应该持有的古诗文的学习基点。古诗文教学除了必备的诗文积累和诗文知识，这份情思更是不可缺少。这样的认知能让我们在备课中，在课堂教学中自然将生活融入，从生活出发去感受诗，将情境创设多维打开，激发学生在情境中去大胆联想，去自由思考，在寻找诗眼文眼，重组句序，读写（说）结合等方法中去体验情感，去畅所欲言。

2022 版《语文课程标准》在优秀诗文前三个学段“阅读与鉴赏”的学习要求中反复提到了“读”“想象”“情感”这三个要素。如以下表格：

“阅读与鉴赏”之诗歌要求

学 段	要 求
第一学段	诵读儿歌、儿童诗和浅近的古诗，展开想象，获得初步的情感体验，感受语言的优美
第二学段	诵读优秀诗文，注意在诵读过程中体验情感，展开想象，领悟诗文大意
第三学段	阅读诗歌，大体把握诗意，想象诗歌描述的情境，体会作品的情感

这样的纵向比较让我们不难感知读和想象是诗歌学习的主要方法，生活是古诗文学习的主要源泉，而情境创设则是为了让学生能够更好地体会作者情感，领悟情思。古诗文的创作讲究意境，作者讲究造境，而这就为我们创设情境，引领学生入境提供了条件。此外，文艺心理学认为：诗歌的语言越能调动想象，越有质量。比如部编版小学语文四年级下册《宿新市徐公店》。平白如话，却又美好如画，细细品来真如北宋诗人张载所说的“其情味，其味长”[①]。本诗的意境描写能够穿越时空直达生活，能最大限度地调动起我们的想象。根据这样的理解，我们曾经尝试通过这样几个情境的创设来引领学生进行语言实践活动，调动学生主动表达的积极性，让学生沉浸其间，实现学生的个性表达。

（1）请同学们轻声读读这首诗歌，边读边想象，你仿佛看到了怎样的

---

① 丁福保．历代诗话续编［M］．北京：中华书局，1983.

画面？

（2）你觉得这个画面中最美的是什么？请说清理由。

（3）那个捕蝶的儿童如果就是你，眼看着黄蝶飞入菜花无处可寻，你会想什么？或者做什么？

（4）如果你就是大诗人杨万里，听到八百多年后我们还在吟诵这首诗歌，你会说什么？

四个问题，就是四个情境，更是学生的四个语言综合实践活动。一般意义上的情境创设我们需要优美的语言，需要音乐，需要图片加持，但是在这个设计中我们均未涉及。因为这首诗歌几乎没有理解的难点，它所描绘的场景学生或多或少都有点生活体验。如此，我们完全可以让学生自己通过想象去感受并丰富诗中的画面，在想象中自我沉浸，用自己的语言来描绘画面。意境之美在自我沉浸中方能得其精髓。而接下来学生如诗如画的描述不仅仅将我们带进了那个清明的春日，更让我们想起一百多年前严复先生提出的古典诗文的翻译要力求“信、达、雅”。我们觉得，严先生提出这样的要求应该不是基于字字落实的呆板直译，而是洞见古典诗文之美的章句追寻。就着这样的情境我们鼓励学生去品读词句，力求将学生的情趣和品读两相结合。于是学生抓到了“一径深”的“深”，抓到了“新绿”之“新”，一起感受欣赏了黄蝶入黄花的春日美景。尤其是对“一径深”的品味，让我一直记忆犹新。一学生联想到了《山行》中的“石径斜”，由此认为这个“深”可能有弯弯曲曲伸向远方的感觉，他说：“因为这样的小径会比较符合古诗的感觉。”一个三年级的学生，语言简洁，却个性凸显，也让我们深觉这样朦胧的表达也许更能体现古诗文独特的美感。

随后，我们立刻拓展补充了常建的诗“曲径通幽处，禅房花木深”，渗透了中国古典园林的一个美学共识。这一讨论就像一颗石子投进湖中，其他同学又参与补充了“野径云俱黑”“草径入荒原”“花径不曾缘客扫”等不同感觉的小径。而后面两个问题的设计则让学生完全放飞了想象，拓展了思维，呈现了令我们意想不到的个性表达。尤其是第三个问题的设计把情境推进了更深层，出现了很多不同角度的思考与个性表达。有的表示春天可以玩的事物很多，不必懊恼；有的感觉于春风中站在油菜花地旁的自己仿佛就是一朵油菜花；有的在纠结要不要进去找一找，于是引来一群同学的劝导，在劝导中又呈现了太多不同的声音，不同的表达。

这一课堂实践让情境的创设由教师单一营造变成了师生共同创设，由一首古诗、一个情境变成了课堂中任何一个不同的声音都能引领着学生进入不同的情境，联想起各自不同的学习生活经历，领悟着这幅美好的画面所蕴藏的美好情感，让学生能借由这份情感的体悟不知不觉又进入一个个积极语用的情境实践中，以充满个性的语言表达着各自的少年情思。这何尝不是一种沉浸！

（二）比较阅读明发现，个性表达育创新

比较阅读我们并不陌生。它主要是指将两个或多个材料通过阅读进行比较、辨别其中相同点和不同点，进而通过解析、重组形成新的认知的过程。比较阅读的维度可以是纵向的，横向的，也可以是相互结合的。比较阅读的实质在于让学生经历自我的学习与发现，自我完成分析与尝试解决问题的过程，进而能形成自我新的认知。针对古诗文比较阅读的维度可以有很多。可以是同一诗人作品的比较阅读。比如同一诗人不同时期作品的比较，通过纵向阅读比较我们可以感受不同时期诗人风格的改变或稳定，可以感受其人生阅历与对世界感知的深度叠加等。如果是同一诗人同一主题不同时期作品的比较阅读，还可以感受诗人不断成长或者始终不变的人生信念、情怀。再如同一诗人同一时期作品的阅读比较会有利于我们比较全面地认识这一时期的诗人，从而获得对诗歌更为准确的把握，有利于帮助我们更细致地品读诗歌深层的意蕴。也可以是不同诗人间作品的比较阅读。常用的主要是跨越时空障碍的同一主题，相似表达方式等的比较阅读，也有同朝同主题，或者同朝相互补充式的比较阅读。

我们这里所提倡的比较阅读除上述所罗列的一些内容有部分在实践外，考虑到小学生的积累与生活经历不够丰富多元，因此多指针对字词句的比较品读，以期能帮助他们调动已有的积累，联系生活进行力所能及的品读，以求能帮助他们在分享交流的内容里能有个人的思考，有个人语言的习惯，能具有他们这个年龄段应该有的个性表达能力。

部编版小学语文三年级上册杜牧的诗《山行》，在后两行“停车坐爱枫林晚，霜叶红于二月花”的学习中，我们曾在多次的听课中发现“晚”一字很容易被忽略或被轻描淡写地带过。其实品读好了“晚”这个字，才能更好地理解千古名句“霜叶红于二月花”。很多资料显示“晚”可作深秋解释，因为深秋了枫叶才会红到极致。在品读“晚”字时，学生基本都是这么理解的。其间令我意想不到的是有个小组还在本首诗歌内上勾下连进行了纵向联想，通过上文一个词“寒山”和下文一句诗“霜叶红于二月花”来佐证自己的理解。对于三年级的学生来说这真的是非常精彩的品读与表达了。不过，在他们汇报结束后，我出示了两首古诗——李商隐的《登乐游原》和刘长卿的《送灵澈上人》。之所以选择这两首诗歌，是因为它们明确地把“晚”解释成了“傍晚”。《登乐游原》“向晚意不适，驱车登古原。夕阳无限好，只是近黄昏。”《送灵澈上人》“苍苍竹林寺，杳杳钟声晚。荷笠带斜阳，青山独归远。”在学生经过一段时间的自我比较阅读和小组讨论后，我们听到了这样的表达：“我们小组认为这里的‘晚’和这两首诗中的“晚”一样，也可以理解为‘傍晚’。傍晚，夕阳的光芒照射在枫林上，让枫林更红。枫林与夕阳交相辉映。二年级我们学过的《晓出净慈寺送林子方》里有一句‘映日荷花别样红’，太阳的光芒让荷花更红。我们觉得与‘停车坐爱枫林晚’差不多。”他们在比较阅读中有理有据地表达，是独属于他们的个性表达。不可否认，虽然“晚”理解为“深秋”好像更符合常规认知，但是“诗无达诂”。面对古诗文教学，一方面我们要让学生感受到这一传统文化的精粹妙义，另一方面它也是学生发展语言与思维，进行个性化表达的载体。在讨论临近结束时，一个平时不太起眼的学生还高高举着她的小手，我们请她来分享，她说："我也认为'晚'可以是'傍晚'。我主要是从诗人'停车'猜测出来的，因为从他特意停车来看就说明这里枫林很美。可是枫林都是红的呀，都很美啊，那他还能停车，我觉得可能是这里的枫林很特别，它有夕阳的光线照射，就像枫叶会反光一样，很明亮。"听她的表达我忽然想到"深文隐蔚，余味曲包"①。学生能产生这么细腻的感觉，这么明白晓畅的个性表达，应该是这样的比较阅读让学生有了充分的时间在自己的感觉中、意境中反复驻足，以至于流连这种被发现、被唤起的感觉，进而产生分享的冲动，传递表达美的冲动。在这样的比较阅读中，学生将直觉的发现与盘桓酝酿的思考交织，互相启发，互相催生，如此才可能产生饱含思想与个性的精彩表达。

（三）组诗聚集呈主题，个性表达见深度

在灿若星河的诗人中，他们各具特色。有的浪漫，豪情万丈；有的现实，心怀苍生；有的恬淡，忘情山水……在诗文学习中为了让学生们能对这些诗人的风格有所接触，有所领略，我们在实践中针对小学生的特点，以小主题的方式降维设计实践活动。降维是为了保护学生学习的热情，为了确保这一小研究顺利实施，并力求让学生能在这样的实践活动中被吸引，被激励，被唤醒，进而能主动去积累，去感受，去表达。所谓小主题主要是指在古诗文教学中就诗歌内容、语言、意象或者诗人等的一个方面进行横向或纵向罗列式的搜集，引导学生以此进行求同思维，发现共性，研究共性，并能形成独具特色的分享交流内容。对于有的半命题式的小主题还需在研究中发现并确定本小组的研究主题。在古诗文教学中我们常鼓励学生进行这样的小研究，让每个学生都能在这样的小研究中有所发现，并尝试用合适的语言表达出来。我们曾先后带着学生做过《醉__________》《数字里的浪漫——李白》《终南山水四时秀——王维》《贫穷与现实——杜甫》《做一个有趣的人——苏轼》等命题或半命题的小主题实践研究。

① 刘勰. 文心雕龙［M］. 上海：上海古籍出版社，2015.

部编版小学语文五年级上册苏轼的诗歌《六月二十七日望湖楼醉书》这首诗的妙处在一“醉”字，酒于似醉非醉间，山水却于沉醉间，进而灵感乍至，激情澎湃，就像这场骤然而至的雨，于是佳作天成。在细细体味这场骤雨来去间的西湖美景、作者匠心独运的描写后，我给学生拓展阅读了苏轼的《临江仙·夜饮东坡醒复醉》。在此基础上我提出了一个小主题：同学们，一次似醉非醉，一篇传世名作。“醉”的并不总是酒，所谓人各有“醉”，“醉”各有情。中国文人还特别容易“醉”。请大家以4—6人为小组，在接下来的一个星期去搜集并感受不同诗歌中诗人的“醉”态，每一小组至少搜集8—10首诗歌，然后以《醉__________》为题准备一篇小组集体演讲稿，时间控制在5分钟以内。一周后，我们进行了汇总检查。虽然才五年级，但是学生深度搜集材料的能力，以及稚嫩直觉的发现力都令我惊喜。于是我们如期举行了小组演讲活动。这是其中一个小组的演讲稿。

张：同学们，我们四人小组在搜集中发现很多很多含有“醉”的诗句。在起初的搜集和阅读中我们完全找不到主题，于是我们邀请了马一明的爸爸做顾问，带着我们把搜集来的诗句进行了一句句讨论，最后我们确定用“让诗人醉的是什么？”这一问题对搜集的资料进行第二轮筛选。今天我们演讲的题目是《醉一切美好》

马：张口就来，你听，“草长莺飞二月天，拂堤杨柳醉春烟。”诗人醉的是什么？草长莺飞，杨柳依依，如烟如雾。春色最是撩人，难怪高鼎醉了。

刘：这就醉了？听过这句诗吗？“寻芳不觉醉流霞，倚树沉眠日已斜。”李商隐的《花下醉》一听名字就知道让他醉的是花，因为醉花所以急切地独自去“寻芳”，寻而能遇，这是一种满足，遇而能惊艳，这又是一次满足，所以你看他“不觉醉流霞”，流霞是酒，也是花。醉的是酒更是花，两“醉”奇妙融合！

潘：说到花下醉，我带来的是韦庄《长年》“花间醉任黄莺语，亭上吟从白鹭窥。”韦庄的醉里是恬淡安宁，是潇洒自在，任黄莺责备，不管白鹭偷窥。

在这样美好的地方醉，醉也是美。

张：醉心于美，人可以，红叶也可以的。“红叶醉秋色，碧溪弹夜弦。”秋色唤醒枫树，枫叶醉了，红了，“霜叶红于二月花”。红叶又让秋色更加绚烂，秋色也醉了。谁沉醉了谁？我想来想去，觉得它们应该是互相沉醉。

马：说到现在你们都忘了酒仙李白吧，不过今天我带来他的“月色醉远客，山花开欲然”。诗中让李白醉的竟然不是酒，而是月色。当时看到这首诗歌我很诧异，就把这首诗给妈妈看。妈妈说：“李白首先是诗仙，然后才是酒仙。”看上去轻描淡写的一句话，却能一语惊醒梦中人！美才是最令人沉醉的。小伙伴们，我们不如每人背一句含有“醉”的诗，让同学们一起来感受感受吧！

潘：“醉后不知天在水，满船清梦压星河。”诗人醉了，分不清天上人间。满船清梦压星河，感觉那一刻诗人睡在星辰之上，就像神话世界里的神仙一样。

刘：“暖风熏得游人醉，直把杭州作汴州。”游人和朝廷醉在春风中，忘了收复失地，还我山河。

潘：“落帽醉山月，空歌怀友生。”这也是李白的诗，在山月下酩酊大醉，很孤独。这让我想起《独坐敬亭山》，一样的孤独。

张、马、刘、潘：这次的搜集、阅读和研究让我们四人都“醉”在了古诗中。我们已经约好了下一期做“雨声中的诗意”研究，有兴趣的同学可以加入我们。

此外，学生还有《醉在不同心情里》《李白的醉态与才华》《醉在不同时代里》《苏轼的几次醉》等等。无论哪一场演讲都不难看出孩子们结合自己的研究与感受所进行的表达极具个性，不仅仅是语言风格的各异，更有感受的独到，反思愈觉主题式的研究学习对于促进学生的个性表达大有裨益。在主题引领下学生的研究学习既有合作，更有个人独立的搜集、筛选、思考与发现，同时还有无拘无束的时间与空间，有作为独立意义上的完整自我的主张。可能正是这些因素才诞生了学生这些精彩的个性表达。

总之，个性表达能够撬动古诗文教学语言运用，能够让学生沉浸在古诗文的学习之中，既可以帮助学生对古诗文产生更深入的理解领悟，进而产生对古诗文这一传统文化的认同与热爱，同时也能促进学生个体语言经验的拓展与丰富，帮助学生达到他不同年龄阶段个性表达的成熟。

第九节 思辨阅读 思维沉潜

小学古诗文沉浸式教学需要学生思辨性思维，因为学生在古诗文阅读实践活动中，通过阅读、比较、推断、质疑、讨论等方式，辨析态度与立场，辨别是非、善恶、美丑，保持好奇心和求知欲，养成勤学好问的习惯，然后有中心、有条理、重证据地表达，这就是一种学习的“沉浸”。

有这样一个教学案例：

一位老师在教学卢纶的《塞下曲》：

月黑雁飞高，单于夜遁逃。
欲将轻骑逐，大雪满弓刀。

在教师引导孩子们通读诗文时，有一个小男孩把小手高高举起，嘴里还不停地喊着：“老师，老师，这首诗写错了！”教室里顿时安静了下来。老师亲切地询问：“某同学，你说这首诗写错了？什么地方写错了？”小男孩站起身来，大声回答：“我以前学过的课文中说‘秋天到了，一群大雁向南飞’。而这首诗中说‘大雪满弓刀’，下雪了，说明这个时候应该是冬天，大雁早就飞向南方了，哪来的雁呢？”听了小男孩的话，老师和同学们面面相觑。还好，这位老师教学经验比较丰富，有较高的教学智慧，把问题抛给了大家：“同学们，刚才某同学说的，你们听明白了吗？卢纶的这首诗真的写错了吗？不要着急回答，请四人一小组讨论讨论。”不一会儿，有另外一个男孩举手了：“老师，我认为这首诗没有写错，因为我曾经读过一首诗，是唐代岑参写的《白雪歌送武判官归京》，诗中是这样说的，‘北风卷地白草折，胡天八月即飞雪。忽如一夜春风来，千树万树梨花开’。在塞外，有时候八月就下雪了，卢纶写《塞下曲》这首诗的时候，一定是雪下得早，大雁还没来得及向南飞呢！”这时，其他小朋友一个劲儿说“对！对！对！”

这个教学案例，突显了孩子们的思辨性思维。他们在阅读中质疑《塞下曲》这首诗有错，在下雪的时候不该有大雁出现，进而通过讨论、分析，与《白雪歌送武判官归京》这首诗进行比较，最终推断、辨别出《塞下曲》这首诗并没有写错，因为“胡天八月即飞雪”，大雁还没来得及向南飞。整个课堂，孩子们在思辨中沉浸于学习之中。

思辨，可追溯至《礼记·中庸》的“博学之，审问之，慎思之，明辨之，笃行之”，“慎思”即学会周全地思考，“明辨”即形成清晰的判断力。中国传统文化背景下的“思辨”就是指学会周全地思考，并能形成清晰的判断。简而言之“思考辨析”。我们这里所说的思辨是理性思考和辨析。

思辨性阅读必然与思维关系密切。“思辨读写”的创导者余党绪老师认为，思辨性阅读“目的是获取真知，或者为了解决问题”[①]。在这个过程中阅读的个人喜好要暂时搁置，阅读是否具有合理性、准确性才是决定阅读效果的第一准则。这样的阅读要求读者具备理性思维，能够对阅读内容自觉地进行分析、批判与论证。余党绪老师对思辨性阅读进行了界定：“思辨性阅读，就是基于文本的理性的反思”。所以，反思性是思辨性阅读的显著特点。反思往往存在批判性，在思辨性阅读中具有批判意识的学生才能在审视文本的过程中发现矛盾点，从而据此进行研究、展开思辨。就像上面教学案例中的小男孩那样，他的思维就具有批判性，在阅读诗文的过程中发现下雪天不应该有大雁这个矛盾点，然后在老师的组织下，全班进行研究、思辨。除了反思性之外，思辨性阅读还需要延展性。视角只聚焦于文本内是无法产生思辨的，就算在文本内发现可供思辨之处，也需借助丰富的资料才能得出结论。在上面的案例中，正因为另一个小男孩把视角延展到文本之外所读的“胡天八月即飞雪”，所以才能解决问题。

从平时的听课情况来看，在古诗文教学中思辨往往是缺席的，教师

---

① 余党绪．中学生思辨读本［M］．上海：上海教育出版社，2019.

更重视静态的识记。教学中的思辨性资源匮乏，对学生思辨能力的发展缺乏引导。学生缺乏个性的解读，掌握的多是固化的知识，思维难以活跃。教学模式无外乎是“诵读—翻译—积累—背诵”，在这样的模式下学习，当学生遇到情感较含蓄、作者故意留白的地方时就会不知所措了。如果教师能引导学生针对这部分内容积极地开展评价、讨论等活动，使学生有机会通过思辨，走进文本，深耕文本，则能培养学生思维能力，也能改变静态识记的古诗文教学现状。

2022 版《语文课程标准》在“课程性质”中指出：语文课程应引导学生热爱国家通用语言文字，在真实的语言运用情境中，通过积极的语言实践，积累语言经验，体会语言文字的特点和运用规律，培养语言文字运用能力，同时发展思维能力，提升思维品质。思维能力是语文四大核心素养之一。思维能力是指学生在语文学习过程中的联想想象、分析比较、归纳判断等认知表现，主要包括直觉思维、形象思维、逻辑思维、辩证思维和创造思维。思维具有一定的敏捷性、灵活性、深刻性、独创性、批判性。有好奇心、求知欲，崇尚真知，勇于探索创新，养成积极思考的习惯。由此可以看出，2022 版《语文课程标准》关注学生课程学习中思维能力的发展，强调科学态度的培养。小学古诗文思辨性阅读教学理念符合课标要求，体现了新课改精神，冲击了传统的诗文阅读教学模式，更新了教育理念。小学古诗文思辨性阅读教学要关联到 2022 版《语文课程标准》中“思辨性阅读与表达”学习任务群。“思辨性阅读与表达”学习任务群“旨在引导学生在语文实践中学习思辨性阅读和表达，发展实证、推理、批判与发现的能力，增强思维的逻辑性和深刻性”。据此进行的小学古诗文思辨性阅读教学研究侧重发展学生的探究、推理和判断的能力，培养学生思辨的理性精神。

小学古诗文沉浸式教学中如何实施思辨性阅读呢？

一、挖掘文本内容的思辨因子

所谓思辨因子，即文本中易引发学生认知冲突的形式或内容。部编版小学语文教材中共有一百三十多首（篇）古诗文，可以说每一首（篇）都能挖掘出思辨因子。教师应具备挖掘文本思辨因子的能力，用好用准思辨因子，可以更好地调动学生的积极思维，提升教学效果。

比如说，李白的《夜宿山寺》："危楼高百尺，手可摘星辰。不敢高声语，恐惊天上人。""危"字有两个意思，一是"危险"，二是"高"，那么在诗中是哪种意思呢？这就是思辨因子，可以引导学生思辨。学生通过查阅资料，结合文本内容，分析、推理、判断，最终认为这里的"危"应该理解为"高"。因为"手可摘星辰"，又因为"不敢高声语，恐惊天上人"。

再比如说，小古文《两小儿辩日》中的思辨因子非常明显。一儿曰："日初出大如车盖，及其日中则如盘盂，此不为远者小而近者大乎？"。一儿曰："日初出沧沧凉凉，及其日中如探汤，此不为近者热而远者凉乎？"。几乎每一位老师在执教这篇小古文的时候，都抓住了这一思辨因子，组织学生进行思辨。以下是一位老师的教学片段：

师：同学们，太阳究竟是早上大还是中午大呢？

生：一样大。

师：那为什么它早上看起来大，而中午看起来小呢？

生：我查过相关资料，这个是人的视觉错觉，跟早上和中午看太阳的背景有关，不是近大远小的问题。

师：那么，太阳冷热与远近有关系吗？

生：没有。中午感觉热是因为太阳晒了老半天，地面就很热。

通过以上片段可见，教师充分挖掘文本中的思辨因子，组织学生借助资料对文本的观点进行分析、批判、论证，最终形成科学的价值判断。

古诗文文本内容的思辨因子，有的存在于诗文的题目中。如：《寻隐者不遇》《精卫填海》《王戎不取道旁李》《铁杵成针》《自相矛盾》等。

有的存在于文本与生活常识之间的矛盾中。如《望庐山瀑布》中，诗人李白说"日照香炉生紫烟"，而我们在生活中看到的都是"日照香炉生白烟”，那么李白为什么把白烟写成紫烟呢？《赠汪伦》中写“李白乘舟将欲行，忽闻岸上踏歌声。”在现实生活中，我们对待重要的客人，一般都是一路送出家门，送出村子，直到他上车上船离去。可是这里汪伦为什么要等到李白坐上小船将要出发的时候，才赶到桃花潭边踏歌相送呢？

有的存在于文本的前后逻辑中。如《大林寺桃花》“人间四月芳菲尽，山寺桃花始盛开。”这“山寺”不是“人间”的吗？作者为什么这样写？又如前文提到的《塞下曲》中写“大雪满弓刀”，既然已经下雪了，哪来的大雁呢？

二、挖掘文本思想观点的思辨因子

文本的思想观点往往是作者个人的主观意思，我们读者在解读的时候会产生跟作者不一样的观点，上课的时候我们要抓住这样的思辨因子，组织学生思考、明辨。

如小古文《精卫填海》塑造了精卫坚强执着的形象，但这一观点并不能代表所有学生的看法。在实际教学中，就有学生对精卫的形象有争论，他们认为“精卫鸟一直执着于仇恨太不值得”，有的学生认为“这是一种报复行为”。对此，教师可以要求学生就这些问题进行拓展性课外阅读，进而打开思路，培养其思辨性思维。

再如，小古文《书戴嵩画牛》中，牧童的观点是牛斗时牛尾搐入两股间，虽说是牧童的观点，其实也代表作者的观点，那么牛斗时牛尾都是“搐入两股间”吗？有没有特殊情况？这也是有关文本观点方面的思辨因子，教学时可以挖掘利用。

思辨的过程是思维提升的过程，也是沉浸式学习的过程。总之，在小学古诗文沉浸式教学中，教师要鼓励和引导学生不局限于诗文文本内容，对诗文进行思考和批判，帮助学生学会质疑、思考和辨析、评估，形成思辨性思维，进而提升学生核心素养。

第十节　赏析中沉浸　沉浸中升华

2022版《语文课程标准》指出，学生通过感受、理解、欣赏、评价语言文字及作品，获得较为丰富的审美经验，具有初步的感受美、发现美和运用语言文字表现美、创造美的能力；涵养高雅情趣，具备健康的审美意识和正确的审美观念。

在古诗文教学中，我们引导学生赏析古诗文，不仅能让学生沉浸于古诗文字词之美、意境和思想内涵之中，更能让学生沉浸于古诗文的学习之中，有助于培养学生的审美创造能力，提高学生的欣赏品位。

部编版小学语文教材中一共有一百三十多首（篇）古诗文，我们在教学这些古诗文的时候，不能只是停留在帮助学生理解古诗文的意思、背诵古诗文的内容上，更要引导学生学习赏析古诗文，让他们感受到祖国语言文字的博大精深、无穷魅力，激发学生热爱祖国语言文字的情感，陶冶学生高尚的心性。作为语文老师，首先应该拥有这方面的能力，在教学中才能更好地引导学生去学习、去品味。那么我们如何对古诗文进行赏析？又如何引导小学生去赏析古诗文？

一、如何对古诗文进行赏析

（一）从诗歌的形象入手进行赏析

赏析诗歌的形象，就是通过分析诗歌意象的个性特征，感悟其中所包含的作者的思想感情和诗歌的社会意义。

第一，要抓意象的色彩去赏析。色彩传递着诗人不同的情感体验，暖色蕴含热烈活泼、积极向上、意气风发的情感，而冷色蕴含冷漠低沉、消极颓唐、孤寂凄凉的情感。比如说，“两个黄鹂鸣翠柳，一行白鹭上青天。”这两句诗中，“黄”“翠”“白”“青”这四种鲜明的色彩组成一幅绚丽的画面，传达出作者无比欢快的心情。

第二，要抓动静结合相互映衬的写法去赏析。如“人闲桂花落，夜静春山空。月出惊山鸟，时鸣春涧中。”在这首诗中，花落、月出、鸟鸣这些动态的景物，既使诗歌显得富有生机，又突出了春涧的幽静。

第三，要抓具有象征意义的特殊意象去赏析。诗歌的形象有时与民族历史文化、传统风俗习惯、生活方式、心理特点等各方面发生联系，被赋予某种特殊的意义。我们在赏析时要优先考虑这些具有象征意义的特殊意象。例如，望月怀远，伤春悲秋，见流水则思年华易逝，见梧桐细雨则感凄清孤冷，菊花象征高洁品质，杨柳象征依依惜别。在赏析的时候，我们不妨多抓一抓这些方面的内容。

（二）从诗歌的语言入手进行赏析

我们来看这首诗：

池上

［唐］白居易

小娃撑小艇，偷采白莲回。

不解藏踪迹，浮萍一道开。

这首诗是唐代著名诗人白居易创作的一首五言诗。在赏析的时候我们就可以从语言来入手。该作品文字质朴活泼，语言通俗淡雅，是经典的佳作。诗人非常了解儿童生活，池塘中一个个大莲蓬，新鲜清香非常诱人。有一个小孩子偷偷地撑着小船去摘了几个，就又赶紧划了回来，他还不懂得隐藏自己偷摘莲蓬的踪迹，自以为谁都不知道，可是小船驶过的地方，水面原来平铺着的浓密的绿色浮萍，被分出了一道明显的水痕，这一下子泄露了他的秘密。诗人用极其通俗的语言将诗中的小娃娃描写得非常可爱可亲，整首诗如同大白话，但又极富有韵味，令人读后，忍俊不禁，哑然失笑。作者用白描的手法将偷莲小孩的憨态描绘得惟妙惟肖。诗中最传神的是“不解藏踪迹”这一句，写尽小孩顽皮纯真的情态。诗的其他几句也不一般，“小娃撑小艇”，两个“小”字，为我们提供了充分的想象空间，同时也吸引读者的注意力，“这么小的小艇载着这么小的小娃是到哪儿去的呢？”原来是“偷采白莲回”，他是趁大人没注意悄悄而行，既然是偷采而归的，回来时也应该是悄悄的，不露痕迹的。但结果却出人意料，“不解藏踪迹，浮萍一道开”。诗人极会用笔，他不写小孩如何被发现，而是写一片浮萍中间留下了长长的一道开口。这首诗虽然不长，寥寥 20 个字，但却充满着无穷的趣味，前两句描写既溢满童趣，又为后续的结果做了铺垫。小娃，终归是小娃，他“不解藏踪迹”，天真淘气。整首诗不加雕饰，自然真切，充满着无限的趣味，给人以丰富的联想，让人回味无穷。

（三）从诗歌的表达技巧入手进行赏析

第一，我们可以抓表现手法。诗歌的表现手法通常有托物言志、情景交融、寓理于事、动静结合等等。比如说“横看成岭侧成峰，远近高低各不同。不识庐山真面目，只缘身在此山中。”又比如“半亩方塘一鉴开，天光云影共徘徊。问渠哪得清如许？为有源头活水来。”这两首诗都是采用了寓理于事的表现手法。又如“两个黄鹂鸣翠柳，一行白鹭上青天。窗含西岭千秋雪，门泊东吴万里船。”这首诗则是采用了动静结合的表现手法。

第二，我们可以抓修辞手法。诗歌中常用的修辞手法有很多，比如说比喻、借代、对偶、夸张、拟人、设问、反问等等。“忽如一夜春风来，千树万树梨花开”就采用了比喻的修辞手法，使事物显得更加形象，更加生动。“粉身碎骨全不怕，要留清白在人间。”这两句诗采用了拟人的修辞手法，把事物人格化。“苟能制侵陵，岂在多杀伤？”这一句又采用的是反问的修辞手法，他强调了打仗是为了制止侵略而不是为了多杀伤人。“白发三千丈，缘愁似个长。”这一句采用的是夸张的修辞手法，强调突出了一个“愁”字。

第三，我们可以抓表达方式。诗歌中常用的表达方式有叙述、描写、抒情、议论等等。在赏析的时候我们可以结合这些表达方式来进行。

（四）从诗歌的思想内容入手进行赏析

这是赏析诗歌的最后一步，由对诗的感受上升到理性的概括。赏析作品的思想内容，就是分析评价作品主题的社会意义、作者的思想感情和观点态度。分析评价的时候要做到实事求是，要中肯，既不要贬低也不要拔高。比如说这首诗：

江雪

［唐］柳宗元

千山鸟飞绝，万径人踪灭。

孤舟蓑笠翁，独钓寒江雪。

我们在赏析这首诗的时候就要抓住它的思想内涵去赏析。这首诗作于诗人被贬永州时期。柳宗元被贬到永州之后，他的精神上受到了很大的刺激和压抑，于是他就借描写山水景物，借歌咏隐居在山水之间的渔翁来寄托自己清高而孤傲的情感，抒发自己在政治上失意的郁闷苦恼。他艺术地影射了当时所处的政治环境的险恶，表现了他毫无畏惧、不向黑暗势力屈服的坚强意志和不同流合污的高贵品质。

刚才我们交流的是如何对古诗文进行赏析，那就是要从诗词的形象、语言表达、思想内涵等方面入手来进行赏析。接下来我们来看一段苏轼的《六月二十七日望湖楼醉书》这首诗的赏析：

苏轼的《六月二十七日望湖楼醉书》这首诗一句一景，接得密，转得快，把握住夏日雷雨倏来忽去的特征，描摹出夏日西湖瞬息万变的壮观景象。生动逼真，情趣盎然。“黑云”与“白雨”相互映衬，使画面色彩鲜明。“翻墨”与“跳珠”的比喻新颖而生动，绘声绘色绘形，极为传神。在诗人笔下，望湖楼前的雨景，本身就是色彩斑斓、引人入胜的艺术化境。而“黑云”“白雨”的意象由于具有象征黑暗的作用，很容易使读者由天气的无常（疾风骤雨）联想到人间仕途的坎坷无常。诗作寓理情景之内，趣出情景之外。看起来气势凶猛的黑云白雨，瞬间就被卷地而来的风吹散了。人间无论是天上的暴风雨，还是个人的坎坷，都是暂时的，终会回复到澄清的本原上。通过天气这个表象，我们可以揣摩到作者内心的情感。进而由人及己，细细品来，就更具有了令人涵泳不尽的意味。

从《六月二十七日望湖楼醉书》这首诗的赏析中我们不难看出这段赏析就是从诗的形象、语言表达、思想内涵等方面来进行的。

二、教师如何引导学生赏析古诗文

笔者认为应当根据小学生的年龄特点以及他们的知识储备来引导他们赏析古诗文，可以从以下几个方面来进行：

（一）知作者，拉近学生与文本的距离

古诗文的作者距离学生的生活太遥远了。赏析时，我们可以带着学生从作者入手，介绍作者生活的那个时代以及那个时代所具备的特征，了解作者是在怎样的环境下、心境下写了这篇诗文的。这些背景的了解，可以让学生在课前完成，然后再到课堂上进行交流，注意交流的时候让学生尽量用自己的话表达，不可照本宣科地读资料。学生对于作者简介、写作背景如果还有不明白的，老师可以进行补充，力图让学生最大程度地对作者当时所处的环境和境遇有全面的了解，为后面的诗词学习做好铺垫。介绍这些背景资料，既有利于学生充分了解古诗的深刻内涵，还有利于激发学生学习古诗的兴趣。比如说我们在教学柳宗元《江雪》这首诗的时候，先在师生之间交流，让学生认识作者柳宗元：他是唐代的河东人，曾参与以王叔文为首的政治改革运动，失败之后被贬为永州司马，后改任柳州刺史。世称“柳柳州”，也称“柳河东”。他能诗善文，尤其擅长散文，是著名的“唐宋八大家”之一。他的诗多作于被贬谪之后，抒发郁郁不平的感慨，风格简朴淡雅，语言简洁流畅，感情诚挚，含蓄隽永。

像这样，学生通过对作者进行深入了解，在赏析诗文时，对诗文的情感把握才能更加准确。

（二）读文本，整体把握诗文的韵律与大意

在赏析时，学生通过对作者及写作背景的了解，奠定了一定的情感基调，在此基础上我们趁热打铁，让学生将这种心境带到诗文中，大声地朗读，反复地诵读，在读中去感受诗文的韵律之美、表达之精，去体会诗文的大致内容。学生在读的过程中，情感逐渐清晰，意思逐渐明朗，自然对这首诗有了大致的理解和体悟，正所谓“书读百遍，其义自见”。

（三）品诗句，感受语言和思想意境

赏析时，学生对诗文有了大致了解之后，我们就可以引导学生更加深入地去品读一些重点语句或字词。通过对这些语句、字词细细咀嚼，学生从中能感受到作者细腻的情感，从而更好地把自己的感情融入到作者的情感里去。只有这样学生才能真正地读懂诗文、理解诗文。在这个环节中，我们要引导学生抓住重点的词句去理解品析，不可逐字逐词翻译。比如，辛弃疾的《清平乐·村居》，整首词明丽、轻快，画面和谐，让人读来感到乡村的一阵微风吹在脸上，非常惬意，很是舒服。我们在教学的时候，只要抓住“相媚好”和“最喜”这两个词，让学生从词中体会那对和谐幸福的老夫妻的平凡的乡村生活。这样的夫妻、这样的孩子、这样的生活，人自然是醉了。古诗文赏析不能“见槐是槐，见柳是柳”，古诗文教学离不开想象，赏析更离不开想象。只有边读边想象，才能读出诗文背景，读出作者感受，读出画意真情。

（四）抓文眼，领略诗文难以言传的意蕴

古诗文中一个字或者一个词往往就是一幅画、一个生活的场景，里面充盈着很多说不清道不完的意蕴。欣赏古诗文的最佳途径就是把想象画面与体味含义统一起来。一篇诗文值得欣赏的地方有很多，这就需要我们老师引导学生选择重点，不可以字字求解。如何选择重点词语来欣赏呢？在学生想象诗文的画面之后，选择那些牵一发而动全身的关键词语，就是我们常说的诗眼、文眼。比如《九月九日忆山东兄弟》这首诗，我们抓住一个“忆”字，让学生说出诗人“忆”什么？并请学生从诗句中找出与“忆”有关的词语来。这样他可以联系到诗句中的“思”和“知”，从而感悟诗人的思乡之情，让学生领悟到诗人用字之妙和诗中所蕴含的意境。

诗文欣赏是一个系统的工程，小学生古诗文欣赏能力的提高，是不可能一蹴而就的，除了在课堂上运用以上方法之外，我们还要注意“滔滔江水源于涓涓细流”，即要注意平时的积累与训练。朱光潜先生所说“诗的境界是理想境界，是从时间与空间中执着一微点而加以永恒化与普遍化。它可以在无数心灵中继续复现，虽复现而不落于陈腐，因为它能够在每个欣赏者的当时当境的特殊性格与情趣中吸取新鲜生命。诗的意境在刹那中见终古，在微尘中显大千，在有限中寓无限。”[①]而达到这样的境界，非一日之功，需有一定的积累与鉴赏能力。提高诗文的欣赏能力能够丰富情感，净化心灵，提升学生的表达能力和人文素养，也能够让我们中华文化的精神焕发新的生命的活力。

对古诗文的赏析是一种高层次的阅读。采取多种方式引导学生对古诗文进行赏析，让学生在赏析中沉浸于古诗文的学习之中，在沉浸中对古诗文的学习进行升华。

第十一节　授之以渔　沉浸有道

小学古诗文沉浸式教学追求的是学生全身心投入到古诗文的学习之中，投入到古诗文的意境之中。在实际工作中，我们发现有一部分教师，特别是年轻教师的课堂教学还未入“格”，古诗文教学的随意性较大，甚至有违背教学规律的现象。我们经常说阅读教学不应以教师的分析来代替学生的阅读实践，但在实际教学中依然能看到有些教师一味“发挥讲的优势”，课上一张嘴，一直讲到下课，学生处于被动、消极的境地。在这种单调沉闷的课堂结构禁锢之下，原本生气勃勃的课堂就会变得死气沉沉。教师对课堂教学内容的安排缺乏通盘的考虑，导致课堂结构松散，教学目标不能落到实处，影响了课堂教学整体效益的提高。不少教师在学习研究优秀教师的教学经验时，也往往偏重于研究其教学艺术而忽视了对其教学模式的研究，不能从整体上把握优秀教师教学经验的科学内涵，只重视局部的、形式上的学习模仿。

实践证明，一堂课的效果如何，取决于课堂结构是否合理。系统论告诉我们，整体大于各个孤立部分的总和，总体功能不是组合的各个要素

① 朱光潜．诗论［M］．上海：华东师范大学出版社，2018.

的简单叠加，而是一种新的特定的功能。因此，我们在研究课堂教学的时候，不能只重视局部的优化，而应当着眼于整体的优化，从教学目标出发，研究课的各个组成部分的相互联系、相互结合和相互制约的规律，使课的各个要素相互协调，相得益彰。而形成这样一个“整体”的关键要素便是结构。

在古诗文教学的长期实践中，我们逐步摸索总结出了“六读式”古诗文教学。“六读”，是指在古诗文学习中的六个层次，即：通读—熟读—研读—品读—诵读—展读。“六读式”古诗文学习方法，遵循了学生的认知规律以及古诗文学习的特点，从易到难，由浅入深，在古诗文教学中，引导学生循序渐进地自主地沉浸式地学习，以此来提升学生的语文素养。它的基本结构见以下示意图：

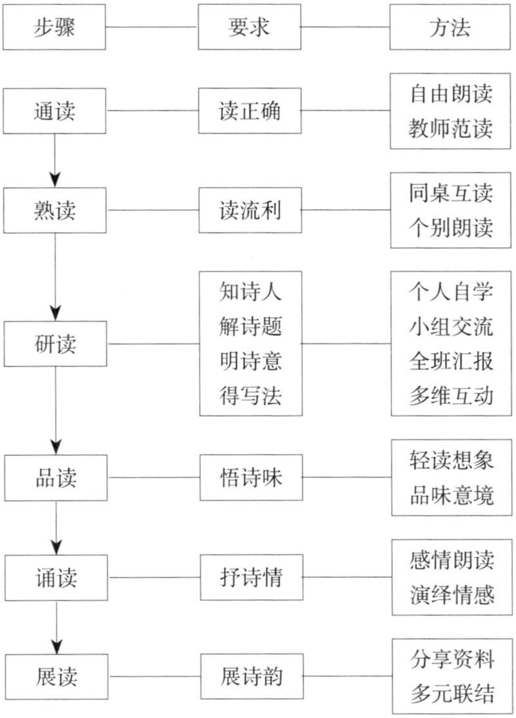

小学古诗文“六读式”教学结构示意图

“六读式”沉浸式古诗文教学如何实施呢？

1. 通读。在2022版《语文课程标准》各学段目标中都有一条这样的要求：“用普通话正确、流利、有感情地朗读课文。”“通读”这一环节，就是在落实读“正确”这一目标。所谓读“正确”，就是要求学生除了要忠于作品原貌，不添字、漏字、改字外，还要求朗读时在声母、韵母、声调、轻声、儿化、音变等方面都符合普通话语音的规范。如《西江月·夜行黄沙道中》这首词中，“行”“惊”“清”“丰”“声”“星”这些后鼻音不容易读到位，多音字“转”和通假字“见”很容易读错。上课时要把这些要当作重点对学生进行指导、引导，以便学生能够正确地朗读。

2. 熟读。熟读是在落实读“流利”这一目标要求。所谓“流利”，就是要求学生在朗读时态度自然大方，语气顺畅，停顿合理，语速适中，节奏恰当，不破句，不回读。古诗文因其语言精练，内涵丰富，学生在朗读时节奏不易把握，有些句子很容易读破，或是断句不当，或是停顿打结，不能达到“流利”这一要求。如《西江月·夜行黄沙道中》中的“七八个星天外，两三点雨山前”，很多学生在朗读的时候这样断句：“七八个/星天外，两三点/雨山前”。很明显这样断句是错误的，没有读出这首词原有的意思。这就没有达到熟读的要求。它的断句应该是这样：“七八个星/天外，两三点雨/山前”。教学时，根据学生实际情况，要把学生读得不熟的句子列出来重点指导，反复朗读，达到“流利”的要求。

3. 研读。2022版《语文课程标准》要求语文教学要注重创设学习情境，体现运用语文实践解决典型问题的过程与方法；要凸显语言实践，重视学习方式的变革，引导学生通过积极主动的语文实践活动，建构语言运用经验，发展核心素养；要统整学习活动，以语文实践活动为主线，以生活为基础，以学习主题为引领，以学习任务为载体，整合学习内容、情境、方法和资源等要素组织学习活动。古诗文教学也不例外。“研读”这一环节就是创设学习情境，让学生围绕关键问题，通过自主探究、小组交流、全班汇报等形式，让学生沉浸于古诗文的学习之中，进而对古诗文的题目、作者、背景、内容、写法、学法等有深入的了解或理解。比如，教学《西江月·夜行黄沙道中》这首词，在学生通读、熟读之后，教师提出以下问题让学生研读：

（1）有人说辛弃疾“文能提笔安天下，武能上马定乾坤”，你所了解的辛弃疾是个什么样的人?

（2）这首词哪些地方你能读懂?哪些地方你读不懂?把读不懂的地方画出，通过查看注释、查阅资料、小组讨论等方式解决疑问。

学生通过研读以上两个关键问题，基本能了解这首词的作者、背景，理解这首词的意思。

4. 品读。2022 版《语文课程标准》中关于朗读还有一些目标要求，如：“理解词句的意思，体会课文中关键词句表达情意的作用。”“把握文章的主要内容，体会文章表达的思想感情。”“感受作品中生动的形象和优美的语言”。“品读”这一环节的重点就是落实这些目标要求。这一环节，切忌“漫天捉麻雀”，什么都想抓，结果“把家里的老母鸡给飞了”。应围绕“课文写什么？怎么写？为什么这么写？还可以怎么写？”等问题，并结合课文的具体内容和学生的实际情况设计一两个重点问题，引导学生品读研究、交流对话，从而达到“一课一得”的目的。下面的《西江月·夜行黄沙道中》的教学环节就是依据这一要求设计的：

（1）你觉得这首词什么地方写得好?好在哪里?

（2）这首词就是一部微型电影，在这部微型电影中你看到了怎样的画面?

（3）一边读读这首词，一边想象画面。

这一“品读”环节，抓住了教学重点，通过重点问题引导学生品读、研究，让学生既感受到文本内容的精彩，又感受到文本表达的精妙。在这一环节中，学生建构了语言，发展了思维，提升了学习力；同时又读出了画面，读出了意境。

5. 诵读。诵读是把文字转化为有声语言的一种创造性活动，是一种高层次的朗读。学生用抑扬顿挫的声调比较准确地表达作者的思想感情以及自己的阅读感受，达成“有感情”这一目标要求。这一环节多采用实践性活动的形式，或个别展示，或小组合作展示，或生生之间、组际之间赛读展示。自评可围绕“为什么这么读”，互评可围绕“还可以怎么读”展开，让学生在诵读的过程中提升朗读能力，对文本的理解、人物的认识有进一步升华。

6. 展读。这一环节主要是学生学习了古诗文后，有针对性地进行拓展延伸。拓展延伸的内容可以是同一作者的其他诗文，也可以是不同作者的相似主题的诗文；可以是与作者相关的故事、书籍，也可以是有关诗文的不同的学法等等。《西江月·夜行黄沙道中》这首词学完之后，我们展读的内容是让学生学习吟唱这首词，学生唱得兴趣盎然，非常投入，完全沉浸在词的内容和意境之中。

“六读式”沉浸式古诗文教学，给予我们以下思考：

1. 优化课堂结构的必要性。苏联教育专家马赫穆托夫认为：课的结构是作为一种有益的组织知识，作为一种标准理论而被人们理解和运用。然而，由于人们片面地过多地强调“教无定法”，而忽视了教学应当有“法”的一面。事实告诉我们，教学的艺术性是附于教学的科学性的，只有重视课堂教学结构的研究，才能充分揭示课堂教学的一般程序、课堂教学诸因素的内在联系和课堂教学的普遍规律；只有优化课堂教学结构，才能实现教好学生的愿望，达到大面积提高教学质量的目的。

2. 优化课堂结构的适用性。实践研究优化课堂结构是培养年轻教师专业成长的重要途径之一。苏霍姆林斯基认为：“完善智育的重要条件，就是教学方法、课的结构以及课的所有组织因素和教育因素。”[①] 事实上，大部分教师包括年轻教师在教学上有自己的个性和优势：或知识渊博，旁征博引；或擅长表达，口若悬河；或教风严谨，精雕细琢；或精于启发，循循善诱；或工于点拨，画龙点睛……但这些往往都是“局部”的优势，

① 苏霍姆林斯基．给教师的建议［M］．杜殿坤，编译．北京：教育科学出版社，1984.

要想上出高效率的课，必须着力于课堂结构的整体优化。

3. 古诗文学习的需要。语文课程是一门学习语言文字运用的综合性、实践性课程。而“读”在实施这一课程的过程中有着不可或缺的重要作用。在探寻古诗文教学结构时必须抓住这一特点，让学生的语文素养在“通读—熟读—研读—品读—诵读—展读”的实践过程中得以提升。

4. 学生自主学习的需要。“知识比方法更重要”，“六读式”古诗文教学方法，既是教法，也是学法。学生在平时的学习实践中，逐步习得这一方法，对培养学生的自主学习能力有很大的帮助。

第十二节　审美中沉浸　沉浸中创造

2022 版《语文课程标准》中指出语文课程应引导学生“形成自觉的审美意识，培养高雅的审美情趣”。审美创造是语文核心素养之一，审美创造是指学生通过感受、理解、欣赏、评价语言文字作品，获得较为丰富的审美经验，具有初步的感受美、发现美和运用语言文字表现美、创造美的能力，涵养高雅情趣，具备健康的审美意识和正确的审美观念。古诗文因其语言凝练、内涵丰富，具有音韵美、节奏美、意境美、情感美等特点，是重要的审美对象。学生学习古诗文、运用古诗文，是培养审美能力和提升审美品位的重要途径之一。

部编版小学语文教材一共收录了一百三十多篇（首）古诗文。这些诗文较集中明显地体现了艺术作品的美。因此，在教学中要从教材实际出发，遵循教学规律和审美教育规律，按学生审美心理发展的过程来安排教学，让学生在审美中沉浸地学习古诗文，使学生受到美的熏陶，培养学生欣赏美、创造美的能力。

那么，如何培养审美能力呢？心理学和美学研究表明，人的审美心理过程一般分为三个阶段：感知阶段、再现阶段和理解阶段[①]，我们的古

① 林崇德．心理学大辞典［M］．上海：上海教育出版社．2003.

诗文教学在培养学生审美方面也应遵循这个过程。

感知阶段是审美主体与审美对象初步接触的阶段。这一阶段是审美主体把握审美对象中的各种感性状貌，引起审美感受，从而产生表象联想与想象的阶段。教学时，首先让学生接触诗句，通过眼、耳、口等感官的活动，获得审美体验：眼睛看文字引起视觉上表象联想，和原来储存在大脑中的词的概念逐渐联系起来，变成具体的形象；诵读诗文，使口、耳等感官受到刺激，逐渐兴奋起来，诗文的音乐美、节奏感引起学生感情上的愉悦，促使学生对诗文做进一步认识，脑中开始出现如诗文所描绘的总体形象。如教学骆宾王的《鹅》时，通过诵读“鹅，鹅，鹅，曲项向天歌，白毛浮绿水，红掌拨清波。”使学生由视觉感官，引起表象联想，脑中“鹅”这个词逐渐变为一只具体的鹅的形象，“红”“绿”“白”“清”这些色彩词引起视觉上的美感，“浮”“拨”两个动词让学生有触觉感受。在多种感官的活动后，学生脑中出现的“鹅”如诗中描绘的形象：长长的脖子，雪白的毛，在碧波中游动，闪现着红的脚掌。又如教学王安石的《梅花》时，引导学生读诗句，使学生在诵读中把抽象的文字“梅花”变为具体形象。“梅花”这一词引起学生的表象联想，与原来储存在大脑中有关梅花的各种具体状貌会逐渐联系起来，引起对梅花的颜色、形状、气味等多种性状的回忆和感受，进而产生想象、联想、情感等活动。整个过程，学生能完全沉浸其间。

第二阶段是再现阶段。它是以感知阶段为基础，以想象为主参与情感活动，使学生脑中完整地呈现出一个有机统一的形象，产生身临其境的感觉，达到情景交融的境界。再现阶段是教学中较难把握的阶段。由于学生知识面的宽窄，生活经验的多寡，想象力的强弱，智力的高低等不同，学生脑中呈现出画面的程度也不同。而学生脑中再现的画面是教师无法看见的，所以就特别需要教师正确地启发和引导。教师通过提问，画龙点睛的讲解，关键处的提示或借助于直观教具，如投影、音乐、挂图等，使学生创造性地再现诗中画面，产生如见其人，如闻其声之感的体验。如教学《村晚》一诗:“草满池塘水满陂，山衔落日浸寒漪。牧童归去横牛背，短笛无腔信口吹。”教师可通过一些启发性提问，如“你在什么情况下会放声歌唱或会吹口哨？”引导学生回忆电影、电视或连环画中看到的类似诗中描绘的画面，联想自己心情愉快放声高唱的情景，促使他们在感知的基础上在脑中呈现的一幅动态画面：池塘堤岸上长满了绿油油的草，池塘里涨满了水。落日西沉，夹在两座山之间，好像被山叼住了。山衔落日的倒影随着池水的细小波纹晃荡着。牧童放牛归去，他横坐在牛背上，拿着短笛随意吹出不成腔调的声音。当学生脑中呈现出这样一幅图后，我引导他们进一步展开想象和情感活动，用自己舒展的想象补充诗句中没有的内容。想象山谷的空旷，落日的色彩，牧童的神态、动作、内心活动。到这时，一个天真烂漫、充满童趣的牧童形象栩栩如生地再现出来，仿佛自己也身临其境。当学生沉浸于诗的意境，实现创造性的再现时，学生的形象思维能力、想象能力、欣赏美的能力也都得到发展。教学中能启发和激励学生主动积极的创新精神，乃是课堂教学成功之所在。

有了创造性的再现，第三个阶段——理解阶段就比较容易了。理解阶段包括从内容到形式的理解，要在读中悟出诗中蕴含的意义和诗的艺术表现手法。如教学王安石的《梅花》一课，通过反复朗读，引导学生悟出作者表面上赞美梅花，实际上以梅花自比，将人与梅花合为一体，表达出一种不怕困难，要以顽强斗志去冲破重重困难，实现自己理想的思想感情，进而体会古诗咏物言志的表达特点，理解梅花、菊花、竹子、青松等事物的象征意义，提高阅读理解能力。

又如《寻隐者不遇》：“松下问童子，言师采药去。只在此山中，云深不知处。”在指导学生学习时，从形式上来理解，要知道这首诗是寓问于答，“松下问童子”必有所问，但只从童子答“师采药去”就包含了问句“师父到哪去？”接着又省略了提问“在什么地方采药？”而只写回答“只在此山中”。究竟在山上哪一具体地点，又省略了问句，只写“云深不知处”。短短二十个字，就包含了三番回答，足见构思之独特精巧。

从语言上看，似乎不着一色，其实色彩鲜明：青松、白云给人静谧之感，又与隐者身份相符合，未见隐者而先见其画，有一种隐者无处可寻之感。再从修辞上看，作者以白云显示隐者高洁，以苍松赞隐者的风骨，对隐者的钦慕之情自然流露出来。写景中表露出钦慕而不遇的惆怅之情。这些都符合审美的第三阶段在理解中感知美的要求。

审美心理的三个阶段，实际上是没有严格界限的，它们是互相联系、互相渗透的。整个审美心理过程中，思维都参与活动，形象思维逐渐过渡到抽象思维，文字感受能力，阅读欣赏能力，理解能力都在这一过程中得到提高。

古诗文是对学生进行美育教育、提升学生审美能力的重要载体之一，在古诗文教学中，理应重视美育教育，但美育教育不是凭空进行的，而要体现在具体的教学内容中。美育教育收到的效果，也不是一朝一夕、一两堂课、几次审美活动就能明显看得出来的，而是在不断的审美实践中，在美的学习、生活环境中，经过日积月累的熏陶、滋养，潜移默化，让学生完全沉浸其中，从而取得好的效果。

第十三节　课堂和谐　方能沉浸

小学古诗文沉浸式教学是在小学古诗文教学中，通过一系列的教学实践活动，激发儿童的学习动机，促使其全身心投入到古诗文的学习和古诗文情感意境之中，充分发挥儿童的主观能动性，从而拉近儿童与古诗文的距离，提高学习效率，培养儿童对传统文化的认同和热爱。实践证明，要让学生“沉浸”在古诗文学习中，必须要构建和谐的课堂生态。如果没有和谐的课堂生态做保证，学生很难“沉浸”其中。心理学告诉我们，人在自由、宽松、和谐的环境中最能全身心地沉浸在学习活动中，沉浸在学习的内容中，才能最大限度地发挥潜能。如果学生处在自由、宽松、和谐的课堂环境中，就能使智力因素和非智力因素保持最活跃的状态。因此，在小学古诗文沉浸式教学中构建和谐的课堂教学生态显得尤为重要。那么，如何构建和谐的课堂生态呢？笔者从平时的教学实践中，探索出以下策略。

一、转变教师角色，构建和谐课堂

（一）转变表演角色，呈现真实自我

我们在平时的听课中不难看到这样的现象，教师讲得眉飞色舞，情绪激昂，而学生却充耳不闻，视而不见。如有位老师在执教六年级下册中《十五夜望月》这首诗时，在带着学生通读、熟读、研读之后，独具匠心地出示了在不同地点、不同时间出现的月亮，并配以描写月的诗文，很动情地旁若无人地朗诵着：这是一轮浓浓的思乡月，这是一轮博大的海上月，这是一轮清幽的林间月……这月让人心醉，让人痴迷……接着又出示课文，让学生读，而学生朗读得并不尽如人意。教者本来的意图是想让学生进入情境，让“诗”与“月光”融合在一起，为朗读做铺垫，可学生并没有进入那意境，甚至老师本身就装模作样，游离诗文之外，没有得到学生的认同，又如何被接纳？更谈不上进入角色加以亲近了。其实，在平时的课堂教学中，像这样老师只顾自己表演，而忽略了学生的存在，形成不太和谐的教学课堂的现象是较为普遍的。要改变这一现象，构建和谐的课堂教学生态，教师还是应该在学生面前呈现出一个“真实”的自我。

（二）充当学生角色，呈现真性自我

教师的形象是构建和谐课堂氛围的关键，教师以何种形象出现，将直接影响学生在课堂中的表现。课堂上教师不能以一个“教育者”的身份出现在学生面前，摆出一副“师道尊严”的架子，而应该以一个伙伴、朋友的身份和学生交流①。这样才会在情感上和心理上拉近师生间的距离，为学生提供一个安全的空间，使学生能够自由而无所顾虑地表露自己，使教学课堂在不经意间，进入和谐的状态。如带一年级小朋友学习《池上》这首诗时，上课铃一响，师生问好之后，老师便这样导入道：“小朋友

① 李镇西．做最好的老师［M］．桂林：漓江出版社．2019.

们，我每一次听到你们这稚嫩的‘老师，您好！’的时候，看到你们一张张充满稚气的小脸的时候，都按捺不住内心的激动。因为，我曾经也像你们一样，一样稚嫩，一样充满稚气，甚至一样天真会犯错……其实，我们每一个人都要经历这样的成长过程，今天，我们要学习的《池上》这首诗中的小男孩跟我们一样，也会犯傻，他究竟犯了什么傻呢？让我们一起走进这首小诗，走近这位小男孩。”这样的导语，让学生觉得老师和他们一样，师生之间的心理距离一下子缩短了，师生之间的关系也迅速和谐融洽起来。在这样的情形下，再让学生去读诗，学诗，学生就会在轻松的心境下用心去感受、去体验。在教学中，很多时候教者要是把自己当作是学生中的一员，呈现一个“真性”的自我——想学生所想，说学生所说，做学生所做，那样的教学课堂一定很和谐！

（三）担当参与角色，呈现真诚自我

许多学者认为，教师只有在教学活动中显示出一定程度的真诚，学生才能有所改变，才能真正从内心接纳你，认同你，亲近你。一位老师在执教六年级下册《两小儿辩日》这篇文言文时，扮演文中的孔子，他完全以孔子的动作、语言和学生进行交流，让学生确认他是他们小组中的一个演员，是他们的一个可信赖的学习伙伴，在这样的情形下，学生切实地感受到自己被信赖和被接纳，他们无所顾忌地投入其中。又如，在语文实践活动《颂春》中，一位教者和学生一起演唱颂春的歌曲，一起背诵描写春天的诗句，蹲下身子和学生一起描绘美丽的春天……所有这些，教者做得是那样投入，浑然忘我，阵阵笑声在教室里回荡。像这样教师与学生一起学习，做一个学习活动的参与者，在学生面前显示出自己的真诚，学生才愿意和教师亲近。学生“亲其师”才能“信其道”，有了师生之间的融洽相处，学生才能多一些启发，多一些奋进，多一些飞跃，课堂氛围才能更加和谐。

二、学会真诚欣赏，构建和谐课堂

心理学研究表明，每一个心理正常的人，都希望得到别人的尊重，

不管他的年岁长幼，地位高低。而希望得到别人欣赏、夸奖，是想得到别人尊重的具体表现。“好孩子是夸出来的。”[①]课堂上教师也好，学生也好，如果能多用欣赏的眼光去看待其他同学，就能营造出和谐的生生关系、师生关系，从而形成和谐的课堂氛围，更好地提高课堂教学质量。反之则不然。

（一）“挑剔”，使教师在课堂上束手无策

有这样一个教例：

一日，某教师在执教五年级下册《杨氏之子》这篇文言文时，让学生分角色表演课文内容。当一个小组经过精心准备上台表演结束后，老师请全班同学评议，而学生们不知评议应当褒贬相融，专挑表演中存在的不足。有的说：“孔君平表演得不像一个大人，倒像一个小孩子，说话缩手缩脚的。”有的说：“杨氏之子表演时的动作做得不好，太做作生硬，一点看不出他的机灵聪慧可爱。”诸如此类。而参与表演的学生也不能够虚心接纳别人的意见，于是就跟那些评议的同学争执了起来，“你们说得好听，你们来表演瞧瞧，说不定还没有我们表演得好呢！”就这样，你一言我一语，整个课堂乱作一团。不要说气氛和谐，就连基本的课堂教学秩序都没能保证，结果，课堂局面让老师束手无策，难以控制。这一堂课的教学效果可想而知。

（二）“欣赏”，是营造和谐课堂之上策

在教学活动中，很多老师都能注重用欣赏的眼光去看待学生，所以整个课堂充满温馨，充满真情，充满向上的活力。

如一位老师在教学《司马光》这篇课文时，学生在研读了课文之后，老师问：“你觉得‘光持石击瓮’的‘持’字用得怎么样？”孩子们小手直举，争着发言，其中一学生说：“我觉得这个‘持’字用得不好，因为‘持’是拿的意思，拿着石头，说明这个石头很小，很小的石头是砸不坏那么大的水瓮的。我觉得用‘抱石击瓮’比较好，因为石头大，司马光要双手抱

① 王兰．兰幽香风远［M］．南京：江苏教育出版社．2004.

起它，来砸水瓮，这样才能很快把水瓮砸坏。”老师紧接着用欣赏而又肯定的语气点评道：“哎呀呀，你说得很有道理，你比编书的老师还厉害！”老师一边说一边竖起大拇指，学生听到这样的评价，看到这样的大拇指，一脸自信，兴味盎然。教师就在这不知不觉的对话中完成了对学生发言的欣赏性评价，既促使了课堂氛围的和谐，更启发了学生的思辨，让“和谐”提升到更高的境界。

其实，很多老师在课堂上非常重视去欣赏学生，他们能从学生写的一个字，说的一句话，做的一个动作中找到学生的闪光点，进而用欣赏的手势去赞扬，欣赏的目光去激发，欣赏的语言去引导，学生怎能不接纳，不乐学呢？课堂气氛怎能不和谐呢？

（三）引导“欣赏”，是营造和谐课堂之良策

在课堂上，不光要老师做到欣赏学生，学生也要努力做到去欣赏其他同学和老师。这样的教学课堂才能变得和谐，变得温馨。有时学生不懂得“欣赏”，怎么办？这就要老师去引导。这一点，靳家彦老师的做法很值得我们学习。靳老师在上《有这样一个小山村》一课时，让一个学生读书后，总要请其他学生来评价。第一个学生读完一段话后，其他学生评议道：“他的声音小了些。”“他读丢了一个字。”这时靳老师引导道：“这些，我们相信这位同学下次会注意到的，但是，你们发现了吗？他在读的时候语速非常好呀，不快不慢的，这是他的优点。”第二个学生读完一段话后，再让其他学生评议，学生评议道：“他读得很正确，没有丢一个字。”“他把小山村的美读了出来。”这时，靳老师又引导道：“老师发现你们有一个优点，那就是善于发现别人的优点。如果再给他的朗读提一些建议，使他能读得更好就太棒了。”在接下来的朗读评价中，学生很自然地就先评议优点，再提出合理的改进建议，使被评议的学生很坦然、很乐意地接受。学生们学会用欣赏的眼光去评价了。他们不仅能这样去评价同学，还能这样去评价老师。这时，当老师课堂引导精彩时，范读课文精彩时，即兴点评精彩时，学生都会欣赏地报以热烈的掌声，课堂氛围和谐而热烈。

当然，从靳老师的课上，我们看到，“欣赏”的同时也要“挑剔”。不能不管好坏，一味地欣赏，否则，欣赏者就成了和事佬，学生在课堂上就得不到发展，得不到进步，得不到提高。因此，“和谐”不仅要求稳定、融洽，让学生沉浸其中，更要求发展、提高。

第五章　小学古诗文沉浸式教学课例及评析

第一节　《司马光》教学实录及评析

【教学实录】

一、导入

师：小朋友们，今天我们来猜谜。猜一个人——他，请听提示。他当过宰相，是北宋的史学家和文学家。为了督促自己勤奋写作，设计了一个“警枕”。他勤奋写作 19 年，终编成一部史书《资治通鉴》。

生：司马光。

师：这位同学猜得对不对呢？我们继续听提示——他是个学霸，20 岁考中进士。12 岁斩杀巨蟒。7 岁破瓮救人。提示听完了，你们的答案是什么？

生：司马光。

师：没错，他是——司马光，跟老师一起写写他的名字。他姓什么啊？

生：司马。

师：咦？他的姓怎么两个字啊？

生：司马是复姓。

师：你可真有见识！你们还知道哪些复姓？

生：诸葛，三国时期有个名人叫诸葛亮。

生：欧阳，我知道大文豪欧阳修。

生：我还知道上官也是复姓。

师：同学们真了不起，居然知道这么多的复姓。百家姓里还有很多复姓，我们以后可以慢慢了解。今天我们重点来认识司马光，他的故事被记录在史书中，就是这本《宋史》。（出示图片）不过它里面的故事是用文言文写的，和我们现在读的故事书有点不一样，你们发现了吗？（出示课文）

生：我发现这篇课文字数特别少，省略了很多。

师：是的，语言简洁是文言文的一大特点。

二、通读课文

师：这么特别的一篇课文，你们想不想自己试着读一读？

（生自读课文）

师：刚刚读的时候，你有没有想提醒同学注意的地方？

生：我想提醒同学们两个后鼻音的字："瓮"和"迸"，读的时候要把后鼻音读准。

师：你的提醒非常棒！你们知道"瓮"是什么吗？

生："瓮"是口小肚大的陶器。

师：你怎么知道的啊？

生：书上的注释是这么说的。

师：你可真会学习！学习文言文，我们读不懂的时候可以看看旁边的注释。

生：我是看书上的插图知道什么是"瓮"的。

师：没错，文中的插图也是帮助我们理解课文的法宝。同学们，关于朗读，还有要提醒的吗？

生："足跌没水中"的"没"是多音字，在这里读 mò，是沉没的意思。

师：给你的提醒点赞！你发现了这个多音字，还根据意思判断出了它在文中的正确读音。同学们都特别关注课文里的字音，提醒得非常细致。老师对长句子朗读时的停顿有个提醒，听我读，在书上做好标记——光 / 持石 / 击瓮 / 破之。

生：光 / 持石 / 击瓮 / 破之。

师：听得非常准确。我们一起把整篇课文连起来读一读。

（生齐读课文）

三、走入情境，读出画面

师：我们把课文读通了，那么它讲了什么内容呢？下面我们进行同桌合作学习。同桌一人一句，先读一读句子，再说说自己读出的画面。一人说，一人听，相互补充。

（同桌合作学习，全班汇报交流）

生：群儿戏于庭，一群小孩在庭院里玩耍。

师：我从你的朗读里听出来他们玩得很开心。那如果在公园里玩，怎么说？

生：群儿戏于园。

师：在树林里玩呢？

生：群儿戏于林。

师：还会在哪里玩，怎么说？

生：群儿戏于廊，他们在走廊里玩。

生：群儿戏于池，他们在池塘里玩。

生：群儿戏于山，他们在山上玩。

师：同学们很会举一反三。我们继续说下一句。

生：一儿登瓮，足跌没水中。一个小孩爬上了水瓮，脚没踩稳，跌倒了，掉进了水里。

师：你能表演一下吗？

（生表演）

师：你演得真像！看“跌”这个字是“足”和“失”构成，不正是脚下发生失误摔倒了的意思嘛。在平地上跌倒可能是身体受伤，而在水瓮上跌下来会怎么样？

生：可能会掉进水里淹死。

师：你从哪里知道会有这样的危险？

生：我从“没”知道水瓮里的水可能很深，把小孩都淹没了。

师：是呀，这个孩子落进了能淹没他的水瓮里，太危险了，吓坏了跟他一起玩的小伙伴了。“众皆弃去”是什么意思？

生：大家都跑了。

师：他们为什么都跑了？

生：他们太害怕了，跑去找大人帮助了。

生：他们可能去找东西来捞人。

师：可是有一个人与众不同，谁来说说下一句？

生：光持石击瓮破之，司马光拿起石头砸破了水瓮。

师：我们来看“持”这个字，谁来做做这个动作？

（生表演）

师：你为什么用两只手？

生：因为我要搬起一块大石头。

师：为什么要挑大石头？

生：因为这个水瓮能淹没那个孩子，说明它很大，小石头可能砸不破，要挑大石头才行。

师：你说得有道理，好像就是司马光本人了。请你一边做动作，一边读读这句话。

（生边做动作边读）

师：这个水瓮很大，很坚实，那我们搬起石头撞击的时候要用足力气。现在我们一起来扮演司马光，边表演边读好这句话。

（生读）

师：最后的结果谁来读一读，说一说？

生：水迸，儿得活。水从水瓮里涌了出来，小孩得救了。

四、熟读成诵

师：看来这篇课文的内容大家都读懂了，那老师把课文变一变，你们还能读吗？（出示竖排版）

（生自读，指名读，齐读）

师：可是老师备课的时候不小心将墨水洒在了上面，你们还能读吗？（出示泼墨版）

（生自读，指名读，齐读）

师：看来这难不倒你们呀！咦，怎么什么都没了？这样你们还行吗？（出示白屏）

（生背诵）

五、情境再现，讲好故事

师：看来这篇课文已经深深地印在你们脑海里了，那么我们就来试着讲一讲这个故事吧。

（生讲故事后，生生互评）

师：我们不妨先想象着演一演，小组合作试一试。

（小组合作表演这个故事，指名上台展示）

师：刚刚同学们表演得非常精彩，每个人物都很鲜活。相信你们现在再来讲这个故事一定会更加精彩了！回家不妨讲给你的家人听听。

（执教：唐文国）

【评析】

一、游戏情境，促进学习

陈鹤琴先生说，游戏是儿童的生命。玩游戏不仅能带给儿童身心的愉悦，还能带领他们认识世界，发展能力。通过玩游戏，能够让儿童的大脑皮层处于一种持续兴奋的状态。在兴奋的状态下，儿童的理解力、识记力、表达力和创新力都会超出一般水平。

平时我们教学中通常是直接出示人物背景资料，一大段文字的呈现类似于“填鸭式”输出，试想学生的“输入效率”会有多高呢？而教者以游戏的形式逐条出示人物的重要信息作为猜谜的线索，促使学生对这些内容看得更加仔细，甚至还会主动与旧知碰撞思考一轮，记忆效果一定更好。为了不让学生一下子猜出答案而忽视了其他信息，教者在信息的排列顺序上也动了脑筋，将家喻户晓的“破瓮救人”放到了最后。这样的导入既起到了课堂伊始的暖场作用，也对学生理解“司马光”的人物形象做了一个补充。课文学完以后，教者又以挑战游戏的形式来促进学生对文本的记忆，学生在轻松愉快的积极氛围中达成了背诵的目标。这样以游戏的形式，把学生带入学习的情境之中，当学生真正沉浸到学习实践活动中，他们的思维活动也会随之活跃起来，学习效率也会随之提高。

二、情景再现，诵读演绎

文言文文质兼美，其中有一部分是故事情节性强的寓言、成语、历史故事，学生能在反复诵读中基本把握文本的主要内容。这时，教师可以带学生来“演一演”文言文所写的故事，这种形式对于学生而言，就如游戏一般有趣。而即兴的课堂情境再现表演，可以让学生将静态的符号语言转化为动态的情境语言，也是学生主动学习语言的过程。在表演的过程中，学生在真实的情境中再次走进文本，理解内容，感受人物形象，达到寓教于乐、寓教于玩的境界。

教者在教学时让学生来扮演“持石击瓮”的司马光。在学生表演的过程中，与之交流：“你为什么用两只手？”“我看你眉头紧皱，石头对你来说很重吗？”“你为什么如此用劲？”“你为什么大叫一声？”……这些问题都与学生表演时的动作设计、台词表达、神态表现密切相关，而一切答案均要到文本里去推敲文字。学生在表演的游戏之乐中，主动去理解文句、厘清文言文的故事脉络，并展示出自己对文本的理解。

古人云：“入忽耳，著乎心，布乎四体，形乎动静。”学生在阅读与理解文言文的基础上，以表演的形式展现其内容，并参与到角色体验与互动中，能够深化对文言文的理解，同时也更能体会到学习文言文的快乐。

第二节 《木兰诗》教学实录及评析

【教学实录】

一、导入

师：（板书“璧”）“璧”是什么意思？

生：玉，因为下面是玉字底。

师：是的，完璧归赵的“璧”就是一块宝玉。那么“双璧”就是——（板书“双”）

生：两块玉

师：那么我如果添两个字，（板书“乐府”）“乐府双璧”听说过吗？

生：“乐府双璧”指的是《孔雀东南飞》和《木兰诗》。

师：掌声送给他。（板书“木兰诗”）读。

生：（齐读课题）

师：在学习这首《木兰诗》之前，我们先了解一下乐府是什么。

生：乐府是专门收集民间各种音乐的一个组织。

师：好，这位同学说得不错，乐府是最初掌管、搜集、整理民间歌谣、民间文学的政府部门。“乐府诗”起源于汉武帝时期，所以我们通常会说“汉乐府”，后来经历演变，使乐府诗成为一种独立的文体，成为“乐府诗”。《木兰诗》就属于“乐府诗”，它属于民间歌谣。今天我们就一起走进“乐府双璧”中的其中一璧——《木兰诗》。

二、初读课文

（一）回顾写法，自由朗读

师：我们一直以来学习古诗文的“六读法”，还记得吗？

生：通读、熟读、研读、品读、诵读、展读。

师：课文已经预习过了，“通读和熟读”这两个要求你们有没有达到？

（生有的说达到了，有的说没有达到）

师：请大家再读一读课文，自己检测一下。

（生读课文）

师：声音渐渐小了，看来大家读完了。你觉得已经达到通读，甚至达到熟读的同学举手。

（二）指名朗读，正音纠音

师：我们用事实说话，谁来读给大家听听？

（指名逐节读课文，生生互评，师生互评，相机正音、断句）

（生读到第六自然段，有个学生提出以前读到的是“两兔傍地走”）

师：“双兔傍地走”，“两兔傍地走”，它是不同的版本，有的版本是“双兔傍地走”，有的版本是“两兔傍地走”。你们觉得哪个版本好一点？为什么？

生：我们喜欢“双兔傍地走”，“双”更有古文味儿。

师：有道理。好，你们偏向于“双”，我们就一起读一读。（生读）

师：“六读”，我们已经完成了两读：通读、熟读。

三、研读诗文

师：接下来我们重点要研读，在学习一篇古诗文的时候，重点放在研读上，我们要研哪些内容呢？我们可以研一研古诗文的题目，也可以研究它的作者、背景、内容、写法，甚至我们还可以研究学习的方法。因为今天仅仅只有一节课的时间，我们没有时间去深入地研究学法和写法，不妨把题目、作者、背景、内容研明白。好，四人小组开始研究吧。

（四人小组自行研究，教师巡视，相机点拨引导）

（一）合学研究：题目、作者、写作背景

师：通过刚才的研究，我们来看看“木兰诗”这个题目，你是怎么理解的？

生：我觉得木兰诗就是赞颂木兰的诗歌。

师：这里的诗是指乐府诗，是写木兰替父从军的这样一首歌谣。关于它的作者，刚才在研究的时候有同学有争议，这首诗是谁写的？有的同学说是北宋的郭茂倩写的，你赞成吗？

生：题目下面写着“北朝民歌”，证明木兰诗是在民间广为流传，然后郭茂倩把这首诗选进自己的诗集。

师：说得很好。对于这首诗的背景，你们在研读的时候有没有了解？

生：这首诗写的故事发生在南北朝时期，当时发生了一些战争，所以有花木兰替父从军这个故事。

生：（补充了一些背景内容）

师：同学们研究得非常深入。

（二）合学研究：诗歌内容

师：今天研究的重点是诗的内容。你能用自己的话去说一说吗？请一个小组上台汇报第一自然段。

（小组汇报，学生点评）

生：我发现你们其中有一些错误，首先“唧唧复唧唧”后面的注释写了，这个声音并不是织布机发出的声音，而是木兰的叹息声。而且“阿爷无大儿”，你们说成了木兰的爸爸没有儿子。但是在后文中明明写了木兰有一个小弟，所以这边“无大儿”我的理解是没有成年的儿子，就是没有能够当兵的儿子。

师：掌声送给他，他能够结合后边的注释、语境去理解上下文，融会贯通。

师：好，那么第二自然段，哪一小组愿意上来展示一下你们的研究成果？

（小组汇报木兰买的装备，师补充）

师：他买了哪些装备？

生：鞍鞯、辔头、长鞭。

师：“鞍鞯”是什么？见过吗？（出示“鞍鞯”图片）“鞍”指马鞍，“鞯”是垫在马鞍下边的这个物件。

师：这个小组在自学的时候，他们能够结合后边的注释，结合译文，用自己的话把对这一段的理解给它说出来，特别好。后面几个自然段相对简单一些，哪一组来？

（小组汇报，学生交流评价）

师：同学们，刚才我们用了研读的方法，了解了课文的题目、作者、背景以及基本内容，这是我们小学生在学这首《木兰诗》时应该达到的一个目标。后面的写法和学法，以后我们再慢慢地去研究。

四、品读升华

师：请同学们小声再读课文，一边读，一边像放电影一样想想故事情境。

（生读）

师：木兰给你留下了什么样的印象？

生：英勇。

生：英姿飒爽、孝顺、爱国……

（老师请发言的学生把以上词语逐一写到黑板上）

师：还有很多同学想说，说明木兰还有很多优秀的品质，我们用一个省略号表示。让我们一起读一读这些词语。（生读）

师：（出示图片）这是一座木兰祠，在河南商丘，是人们在宋代时期建造的，这座木兰祠的两根柱子上面原来有一副对联，是对木兰的评价。这副对联因为年久斑驳，有些字看不清了，你们看看这里看不清的字可能会是什么呢？（出示对联：________________代父从军明大义，功成身退________________见高风）

生：英勇无畏代父从军明大义，功成身退建功立业见高风。

生：女扮男装代父从军明大义，功成身退不要名利见高风。

师：后来有人进行历史考证，它的原句是这样的（出示）：

女扮男装代父从军明大义，功成身退辞官拒赏见高风。

生：（读）

师：此时，木兰在我们每个同学心目中的形象应该更加深刻了，立体起来了。

五、诵读吟唱

师：接下来让我们诵读这首诗。诵读的方式有很多，大声地朗读，还可以打着节拍来读。让我们打着节拍随着节奏读吧。（生读）

师：读得真好，给自己掌声。这首诗不但可以诵，还可以唱，诵有点枯燥，唱更为活泼，更为新颖。让我们跟着音乐一起唱一唱。（播放吟唱视频，学生跟着吟唱）

师：现在我们回过头来再看，开头老师写的字“璧”，你现在有了什么新的理解？

生：我觉得它所描写的故事，就能让《木兰诗》称得上是一个宝玉。

生：我觉得写法只是表面的，更深层的是木兰的精神让我感动，觉得木兰像宝玉一样可贵。

生：这篇文章用了许多修辞手法，写得很好。

……

师：说得太好了，这首《木兰诗》不管是它的语言表达，还是它的思想内涵都能称得上是一块宝玉。这节课就上到这儿，下课。

（执教：唐文国）

【评析】

《木兰诗》是中国南北朝时期传唱的乐府民歌，这首长篇叙事诗讲述了木兰女扮男装替父从军，在战场上建立功勋，回朝后辞官归家的故事。诗歌读来朗朗上口，生活气息与浪漫色彩并存，故事情节生动，易于理解又富有强烈的艺术感染力。全诗以叙事的形式描绘了当时战火纷飞，百姓生活不易，被迫从军的庞大社会现状，以小见大，表面讲的是故事，其背后蕴含了复杂的历史背景和深厚的文化底蕴。

本课例采用了沉浸式古诗文教学法，引导学生高度地、全身心地、聚精会神地沉浸在诗歌的文化意境和诗歌本身的语言积累中，用生生合作品读的学习形式进行思想、智慧、情感、体验的文学思维碰撞，获取文本传递的主要信息和情感。

一、背景沉浸，增强学生文化底蕴

《木兰诗》的写作朝代、诗歌类别、出处、作者以及在我国诗歌史上的地位等诗歌创作知识，都是学生需要的知识性常识，也是学生理解诗歌内容的基础。老师通过猜字、师生谈话、合作学习的方式，自然而然地将这些基础性知识了无痕迹地铺垫于课堂上，拓宽学生知识面，为学生语文核心素养的提升奠定基础。

本案例设计以“乐府双璧”入题，也以“乐府双璧”升华课堂。第一次“乐府双璧”的出现旨在引导学生理解诗歌的创作背景、诗歌的类别等重要信息，第二次“乐府双璧”的出现旨在用“璧”引导学生总结、表达自己的学习感受和体会，加深学生的理解。

二、语言沉浸，强化学生语用能力

《木兰诗》塑造了一个既矫健又娇柔的奇女子形象，英勇善战、孝顺质朴、不慕名利、热爱生活，这位传奇人物的形象十分立体，需要学生聚焦全诗进行感悟。教师没有生硬地问学生这是一位什么样的人物，而是创设了一个填写木兰祠堂对联的语用情景，让学生在优秀中华文化的基础上填写词语，表达自己的所思所想。

沉浸式阅读离不开学生多种感官的触发，本案例运用拍手吟诵、随乐吟唱的方式，学生在情境中听、学、诵、唱经典，通过外在氛围环境的带动，引导学生沉浸于古诗词的节奏型语言、旋律型语言中。由感性的声音入手，加之理性的分析和鉴赏，表达自己的理解，触摸诗歌的文学境界，探求文字的奥秘。

三、学习方式沉浸，引导学生自主探究

在古诗文教学中，学生的自主性、开放性、差异性整体感受十分重要，面对小学六年级学生，教者在教学中采用学生自学、互学，教师在其中主要发挥组织、引导、激励、点拨的作用，点到为止，留有余地。教师不逐字逐句、对号入座式地讲解注释，力求学生自解。遇到困难之处，则引导学生讨论解决。

这样良好的学习语言的方式起到了事半功倍的效果，学生学习的主动性得到了充分体现。学生在被激发内在学习动机的基础上“想学”，在掌握了古诗文“六读法”学习规律的基础上“会学”，在课堂成功交流的基础上“乐学”，对学生能力的提升起到了十分重要的作用。

第三节 《凉州词》《出塞》组诗教学实录及评析

【教学实录】

一、理解诗题，初入边塞

师：今天我们要共同学习《古诗三首》，这节课先来学习其中前两首。（出示诗题）

生：（齐读）

师：这两首诗的题目里提到了两个地方，你知道吗？

生：“出塞”提到的地方是边塞。

师：你有一双会发现的眼睛。另一个地名就显而易见了，是——？

生：凉州。

师：你们知道“塞”是什么样的地方吗？

生：塞是边境、要塞的意思。

师：说得很好。（出示唐朝疆域图）瞧，这是唐朝的疆域图，黄色部分是唐朝地域，又叫中原地区，灰色部分就是西域。这交界之处的城墙、关隘就是——

生：（齐说）塞。

师：出塞就是从——

生：从中原地区到西域去。

师：是的，这首诗写的就是诗人出塞后的所见所思。

师：谁来读读课题？

生：（读）

师：真好，有点儿守卫边疆的豪迈。一起读读。

生：（齐读）

师：那凉州在哪呢？书中注释有介绍，这还有一份资料，谁来读读。大家边听边思考凉州在哪？想一想，选一选，说说理由。（出示资料）

生：（读）

师：哪位同学来说一说你的想法？从哪读出来的？

生：凉州在地图上的B区域。凉州是连接中原和西域的城墙、关隘，且在甘肃一带，结合地图，只有B区域最符合。

师：是的，凉州就在这。

师：在对西北用兵频繁的唐代，许多文人随军前往边关，并在那里创作了不少传世名篇。像这样的诗有个统一的名字，叫“边塞诗”。（板书“边塞诗”）

师：这节课，咱们就通过这两首边塞诗，回到唐朝，来到万里之外的边关。

二、初读古诗，走进边塞

师：课前同学们已经预习过两首古诗了，会读吗？谁来读读第一首。其他同学听一听，他读得怎么样，字音有没有读准。

（指名读第一首）

师：他读得怎么样？

生：我觉得他声音很响亮，秦朝的“秦”前鼻音还可以读得再准确些。

生：诗中有个多音字“将”，在这里读“jiàng”，第四声，他读正确了。

师：你来带着大家一起读读。

生：（齐读）

师：咱们一起读读这一首，把字音读准。（板书：读准）

生：（齐读）

师：第二首诗，谁想读？

生：（读）

生：他注意了停顿，读出了古诗的节奏。

师：这是一首七言绝句，我们学着他的样子一起读读，读出节奏。

生：（齐读）

师：大家读得很好，节奏鲜明清晰，把古诗读通了。（板书：读通）

师：我们过去也学过很多古诗了，你们一定知道古诗学习的方法。在读通古诗以后，接下来要做什么事儿呢？

生：要知道了解古诗说的什么，读懂古诗。（相机板书：读懂）

三、对比读，深入边塞景与事

师：同学们，刚刚咱们说到这两首诗都是边塞诗，请大家默读这两首诗，找一找，圈一圈，哪里能看出写的是边塞？选一个说一说。

生：我从“万里长征人未还”中看出这首诗写的是边塞。

师：“人未还”，人在哪儿？干什么？

生：（齐说）在边塞、边关打仗。

师：《出塞》一诗中有写到边塞具体的场景吗？

生：秦时明月汉时关。关就是边关，要塞，这句诗写的是边塞的景色。

师：边塞距离我们很远，那儿的景色与我们这大不相同。请一位同学来读读这句，听着他的朗读，你仿佛看到了怎样的画面和情景？

生：（读）

师：你看到了怎样的景象？（师抬头往上看）

生：我看到了夜空中挂着一轮明月。

师：是呀，这轮明月从秦汉时期就挂在空中，照着从秦汉时期就筑起的边关。到唐朝，到现在，它还在那里。在苍茫的夜空中，在广袤的边塞上，这一轮圆月显得很——

（出示圆月挂于空中的边塞图）

生：显得很大，显得孤独，显得很凄凉……

师：带着这样的感觉，看着这样的画面，你会怎么读这句诗呢？

生：（读）

师：感受到了月夜下的凄凉。同学们，再往前望，你看到了什么？（师指着图片做向前移动的手势）

生：我还看到了抵御侵略者的要塞、守边将士们的战场——边关，还看到了很多士兵……

师：月夜下，这些士兵是什么样的？会做些什么？

生：士兵会坚守在自己的岗位上，提高警惕，紧守边境；有些士兵会在一起聊军事，聊家常，聊思乡之情……

师：是啊，从秦朝到汉朝，再到唐朝，一千多年以来，那夜空中的明月都静静地照耀着广袤的边塞，高耸雄伟的边关，也一直都有将士们在守卫着。

师：现在，你会怎么读这两句诗呢？

生：（读）

师：我听出了其中的凄凉；有一些悲伤……

师：刚刚咱们读的，就是边塞的景。（板书：景）这样的景象也是边塞诗常用的题材。

师：《凉州词》中说到“沙场”，“沙场”就是战场。说到沙场，你仿佛看到什么？又好像听到什么？

生：我仿佛看到了战场上黄沙四起，万马奔腾，战士浴血杀敌的场景……

师：每天生活在刀光剑影之中，什么感觉？

生：生活艰苦，提心吊胆，面临着随时可能死亡的恐惧……

师：是的，烽火狼烟、刀光剑影已经成为边塞的常态。战士们就过着这样的生活，也是边塞诗常常会写到的事。（板书：事）

师：其实，两首诗中还有一处特别能体现边塞风情，就是这一句：

（出示“葡萄美酒夜光杯，欲饮琵琶马上催”）

读读诗句，你看到了什么？

生：我看到了酒、一个漂亮的夜光杯，是用美玉制成的杯子，夜间能够发光。

师：这样的酒就装在夜光杯里，那是什么样的？

生：当把美酒置于杯中，放在月光下，月光照射到杯子、酒，杯中就会闪闪发亮，酒香四溢……

师：酒很美，还配上了精致的酒杯，看着都要让人醉了，谁想读第一句。

生：（读）

师：大家都很陶醉呀。一起读读。

生：（齐读）

师：这酒非常非常美，可是将士们喝到了吗？你是从哪判断的？

（相机出示“欲饮琵琶马上催，古来征战几人回”）

生：没有喝到，琵琶声在催着战士们上战场、杀敌。

师：这就是琵琶。（播放音频）

听着这琵琶声，有什么样的感觉？这琵琶声意味着什么？

生：美酒在眼前，本应开怀痛饮，却碰上紧急军情，要去上战场……

师：怎么读呢？

生：欲饮 / 琵琶 / 马上催。

生：（点评）感觉读得软绵绵的，没有读出上战场的紧急。

师：那你来读读看。

生：欲饮 / 琵琶马上催。

师：你看，停顿的位置变了，节奏变了，就体现情绪的变化，谁还想读？读出与前一句的反差来。

生：（读）

师：同学们，大家刚刚找到的词语、句子，一部分写的是边塞的景物，一部分与战争有关，是驻守边关的战士们所面临的事，其中也会涉及边塞特有的物品。（板贴：物）读懂这景、这物、这事，咱们就能读懂边塞诗了。

四、近战士，品豪情

师：因为凉州这样的边塞紧靠着西域，这里时常发生战争。战士们或是在等待作战，或是正在用血肉之躯与敌人拼死搏斗，生活艰苦，环境荒凉。战士们是如何看待这样的生活的？瞧一瞧，两首诗中哪些句子写的是诗人、战士们的想法？

生：但使龙城飞将在，不教胡马度阴山；醉卧沙场君莫笑，古来征战几人回。

（出示：但使龙城飞将在，不教胡马度阴山）

师：谁来读读这句话。

生：（读）

师：什么意思呢？想要读懂古诗的意思，有很多方法，比如——借助注释。（出示注释）请你们借助注释来说说这句话的意思。

生：（读）

生：倘若龙城的飞将李广如今还在，一定不会让敌人的铁蹄踏过阴山。

师：你就是作者，你会怎么读这句话？你是怎么想的？

生：（读）

生：诗人寄希望于有才能的将军，借李广比喻唐代出征守边的英勇将士，歌颂他们决心奋勇杀敌、不惜为国捐躯的战斗精神，所以要读得坚定、豪迈。

师：你瞧，读一读再想一想，我们就读出诗歌的情感了。（板书：读出情感）

师：让我们连起来，把《边塞》好好读一读。

生：（齐读）

（出示：醉卧沙场君莫笑，古来征战几人回）

师：这里的“醉卧沙场”是什么意思呢？自古至今引起了人们的讨论。有两种主要观点，你们来小组讨论讨论，更赞成哪一种，为什么？

（出示观点：1. 指的就是在战场上牺牲，失去生命。2. 痛痛快快喝醉，躺在沙场之上昏睡。）

（生分小组讨论）

生：“古来征战几人回”，就让我们想到《出塞》的第一句话，“万里长征人未还”。沙场残酷，无人能回。无论是秦代、汉代，还是盛唐，历朝历代都是这样。

生：对于这样的事，作者却说，读“醉卧沙场君莫笑，古来征战几人回”，面对时刻都会到来的死亡，将士们却还能饮酒、醉酒，他们早已将生死置之度外了。

（出示战场将士行军作战的影视片段）

师：那这句该如何读呢？

（指名读，请两位同学）

师：一个“醉”字道尽了看淡生死的豪迈，让我们连起来读读《凉州词》。

（生齐读）

师：这样读，就读出了诗人、将士们的情。

师：同学们，今天咱们学的这两首边塞诗，写了边塞的景、物，写了沙场征战的残酷，征人难归，可是，只要能够固守边疆，抵御外敌，死又有何惧呢？这就是“天下兴亡，匹夫有责”啊。

（执教：张文秀）

【评析】

《出塞》《凉州词》是部编版四年级上册《古诗三首》里的一组诗。对四年级学生而言，读懂诗歌难度不大，但在读懂的基础上了解边塞诗的特点，感受边塞风情以及体会边塞将士的情感有一定难度。

教师紧扣“边塞”一词，以“两首诗中哪里能看出写的是边塞？”为问题导向，引导学生抓住边塞诗的景、事、物来读懂、读透诗，了解边塞诗的特点，学会自主读边塞诗。通过想象，观看影视片段的手段，达到用不同方式朗读的目的，帮助学生沉浸在诗中，体会边疆战士的情感。

一、反复品读，入境悟情

古诗讲究韵律，读起来朗朗上口，作为小学教材中的必读古诗，更以其优美的节律与独特的意境著称，是小学生阅读、赏析的典范。因此，教师在教学设计时注重朗读的层次性和目标性，由浅入深，循序渐进。要求学生在读准、读通、读懂的基础上，读出情感。借助反复诵读的手段，调动学生的想象力，让学生能够充分利用自己的大脑，展开想象，走近边塞诗的景、事、物，走进文本，达到沉浸式教学的目的。

二、借助想象，入境悟情

这一环节通过想象画面，培养学生的想象力和表达力。抓住表示时间的关键词“秦时”“汉时”“明月”，借助图片来引发学生想象当时的边塞场景，品读诗人、将士们在边塞生活的想法，让学生进行跨时空想象：身在边塞的将士会做些什么？这里的种种想象，既是对诗的整体性和生命性的一种小心翼翼的呵护，又是对诗的一种具有个性化的深入解读。正所谓言由心声，诗由景生，古诗文往往是意境深远，借助情境假设，让学生自己去想象画面，将自己置身情境中，沉浸于文本，体会战士们的做法和心情。

三、借助影视，入境悟情

教师在课堂上播放沙场上军队、将士的行军作战的视频，把学生拉入边塞征战的生活场景中，直观感受边塞生活，体会将士们的心情。教学中植入影视片段，立足于想象，在学生的脑海中形成了一幅活灵活现的画面。直观动态的画面打造沉浸式古诗课堂，促使学生经历从“感悟文言的音韵美”，到“勾连边塞场景，领悟精神美”的嬗变。

这一组诗教学中，教师将有效的教学手段、古诗中蕴含的情感、精神之美以及语文要素进行有机结合，让学生完全沉浸于古诗文学习之中。

第四节　《枫桥夜泊》教学实录及评析

【教学实录】

一、课堂导入

师：今天我们一起学习唐朝诗人张继的《枫桥夜泊》。(板书)齐读诗题。

师：课前同学们完成了学习单上的预学作业，接下来我们就针对预习内容进行小组研学，12 分钟的学习时间，交给你们，开始。

二、小组共学（以一个小组的学习过程实录为范例）

（一）解读目标

组长：我们一起来解读一下这一课的学习目标。请 A 同学为我们读一读本课学习的目标。

关于这三条目标，大家有没有不理解的内容？

A 同学：我有一个问题，“融情于景”是什么？

B 同学：我觉得就是写的景物里面藏着感情。就像《桂花雨》《白鹭》这两篇文章，虽然在写桂花和白鹭，但是都藏着很深的感情。

组长：A 同学，现在你明白了吗？我们待会儿可以把这种类型的问题写在问题单上向全班同学提问。

（二）朗读练习

下面，我们来检查一下大家的朗读。请大家按照顺序读一读这首诗。我们听一下他读得是不是正确、流利。

（小组成员按照顺序朗读古诗，其他同学评价）

组长：这首诗的字音并不难。大家要注意朗读的节奏。

（三）诗题理解

组长：请 C 同学读一下第二题的题目。

C 同学：读了诗题，我知道了……

A 同学：我想要先说，“枫桥夜泊”几个字里面写到了时间，就是夜晚。

B 同学：书上注释写的是：“枫桥”是一个地方，在苏州。

组长：那“泊”是什么意思呢？

C 同学：应该是停泊吧。

组长：把诗题的意思连在一起说就是——

B 同学：在枫桥这个地方，夜晚停靠在岸边。

A 同学：感觉不太顺。应该是在夜晚，把船停靠在枫桥的旁边。

组长：我们大家一起拿出笔来，在学习单上补充一下。

（四）诗句理解

组长：我们大家一人说一行诗的意思，不会的地方大家一起商量。

A 同学：“月落乌啼霜满天”，月亮落下来了，乌……应该是乌鸟在啼叫。

B 同学：乌鸟是不是就是乌鸦啊？

C 同学：应该是的。但是“霜满天”是什么样子的？深秋霜都是落在地上的，怎么会“满天”呢？

组长：我觉得应该是像雾一样笼罩着。

B 同学：难道是作者想象出来的？

组长：我们先记一下这个问题吧，后面可以问问大家。

B 同学：“江枫渔火对愁眠”。应该是江边的枫树，渔船上的火，作者很愁很愁。我也不太确定。

组长：这个问题有同学能解决吗？（没有）那我们也记录下来。

C 同学：“姑苏城外寒山寺”。这句话特别简单，苏州城外有个寒山寺。

组长：“夜半钟声到客船”。就是半夜钟声传到了客船上。后两行还比较容易。我们继续往下学吧。

（五）梳理提问

组长：那我们来看看大家课前预学时都提出了什么问题吧。

A 同学：我的问题是：这首诗的写作背景是什么？

B 同学：我就是不理解白霜为什么会漫天都是。

C 同学：我和 A 同学的问题是一样的，作者为什么要写这首诗？

组长：大家看一下，白霜为什么漫天都是这个问题，大家有什么想法？

A 同学：我觉得不是真的吧，诗人是不是想象的？增加一种氛围感。

B 同学：肯定不能是真的霜，诗人会不会是把雾看成霜了？

组长：也可能是把月光看成霜了吧？我也不确定。

C 同学：那我们把这个问题写下来吧。我觉得写作背景这个问题肯定会有别的小组提的。

三、质疑深化

（一）问题梳理

师：同学们讨论得热烈，思考得认真，接下来咱们来读一读大家提出来的问题。

第三小组：“对愁眠”是什么意思？

师：接下来看看第七、第六、第一、第二小组提出来的问题，大家会发现这些问题都不约而同地提到了“霜满天”的意思。（标红“霜满天”几个字）

第二小组除了“霜满天”还提出了一个问题，请第二小组来读一读你们的第二条问题。

第二小组：作者写这首诗是想表达什么感情？

第八小组：诗人为什么写这首诗？

第四小组：作者想表达什么情感？

师：诗人为什么写这首诗？这个问题指向的就是这首诗的写作背景了。

师：第九组的同学，你们能不能解释一下你们提出的这个问题？

第九小组：我们小组认为“夜半钟声到客船”就已经有那种情感的描写了，“姑苏城外寒山寺”并不需要写。

师：你觉得“夜半钟声到客船”已经充分地描绘了这首诗的意境，表达了他的情感，“姑苏城外寒山寺”这一句好像可以不用写，是吗？

第五小组：张继为什么而愁？愁什么？

师：第五小组的问题是张继为什么而愁？发现了吗？第五小组的问题其实解决了前面两个小组提出的问题。愁其实就是他的感情，大家同意吗？那么我们就选取第五小组的问题来解决，好不好？

师：咱们现在选择了几个问题，第一个是“对愁眠”的意思，第二个是“霜满天”的意思，第三个是作者为什么愁，还有一个是关于“钟声”的问题，总共是这样的四个问题，接下来的时间我们就来聚焦于这些问题，尝试解决。

（二）共同解决问题

师：刚刚同学们提到的问题都聚焦于这首诗的前两行中。请一位同学来读读这两行。

师：有没有同学能帮忙解答一下第三小组提出来的问题，“对愁眠”是什么意思？

生：我觉得“对愁眠”可以和他这句诗前面的“江枫渔火”对应。“江枫”就是江边的枫树，我觉得可能作者看到这样的景物，就会思念家乡、思念家人，所以很难入眠。

师：同学们，你们听明白他的意思了吗？他认为，“愁眠”的意思就是——

生：愁得睡不着觉。

师：那“对”是什么意思呢？

生：我认为这个“对”是相对的意思。

师：诗人对着什么愁得睡不着了呢？除了“江枫渔火”，诗人还看到了什么呢？或许还会听到一些声音，让他愁得睡不着了？再读一读其他句子，找一找。

生：作者看到了“月落”。

师：看到“月亮”怎么样？

生：月亮落下去了。

生：月亮落下去了，就是天快亮了。

师：哦，天都快亮了，可是张继还没睡呢。

师：诗人还看到了什么，让他睡不着了？

生：接下来他听见了“乌啼”，也就是乌鸟的啼叫。

生：诗人还看到霜。

师：同学们，你们见过霜吗？什么时候在什么地方见过霜？

生：有一年秋天，学校的操场上结了一层白白的霜。

师：在学校操场的草坪上，对不对？你还在哪见过霜呢？

生：我在路边的叶子上见过霜的。

生：秋天的时候，车子上面会有霜，爸爸还帮我用卡片去刮。

师：小朋友们，那你们有没有见过漫天的霜？

生：没有。

师：我们见过的霜都是结在草上、树叶上，我们没有见过漫天的霜，霜也不会满天都是。可是作者这里为什么这么写呢？先不着急寻求答案，我们一起来读一读，读着读着，或许就会有发现。

生：月落乌啼霜满天，江风渔火对愁眠。

师：大家想象这个画面，此刻诗人是怎样的感受？

生：作者此刻一定很冷。

师：为什么这么说？

生：因为霜是在秋天结的，那时天气一定很冷，“满天的霜”就感觉更加寒冷了。

师：这种想法很好，还有没有同学有别的想法？

生：霜是在秋天才有的，秋天很多景物用来表达的情感是凄凉的，我觉得作者在这里写“霜满天”是把霜比作他的愁，就是心里面的愁围绕着他。

师：是啊，这愁绪啊，就像一层又一层的霜裹着张继，是不是？

师：诗人笔下的景始终围绕着他的忧愁、伴随着他的忧愁，笼罩着他的忧愁，也就是说，在诗人的眼中，仿佛月亮跟着他一起——乌鸦也跟着他一起——霜也跟着他一起——枫叶跟他一起——一切愁绪都融入在景物里。

师：同学们，我们刚刚解决了前两个问题，还有两个问题呢。读到这，我们不由得要问，作者为什么这么愁？同学们，请一个同学来读一读张继的这段经历。

生：公元753年的时候，张继考取了进士，两年以后就爆发了安史之乱。

师：当时朝局是非常混乱的，所以很多文人墨客都从北方的首都长安逃到了江南地区来避难。在这样一个夜晚，张继在苏州城外的枫桥边停泊，他看到如此景色，这位满腹忧愁的诗人就写下了这首《枫桥夜泊》。

师：那么咱们来想一想，诗人愁什么？

生：我觉得他有可能担心自己家人的安全。

生：我感觉他刚当上进士，国家就快灭亡了，他肯定很郁闷。

生：他还会担心自己的生命安全。

生：诗人应该还会担心国家的灭亡。

师：其实除了这些，或许还有更多的忧愁在包裹着他，在缠绕着他，于是他怎么都睡不着，就写下这首名篇《枫桥夜泊》。我们大家一起来读一读这首诗，预备起。

师：同学们，就在这样的一个环境之下，月落乌啼，寒霜满天，枫叶火红，渔火点点，在这万籁寂寥的黑夜里，听。

钟声敲打着张继的愁绪，这钟声仿佛在说，张继啊张继……

生：你的家人没事，你安心吧。

师：你看，会宽慰人心的钟声。

生：国家要灭亡了啊。

师：听到这样的声音，张继的内心的愁绪或许会叠加一层。

生：张继，快帮帮国家吧！

生：我觉得钟声还会跟他说，别愁了，你现在愁也没有用。

师：声声敲打着愁眠，声声陪伴着愁眠，声声抚慰着愁眠。我们无从得知当钟声响起，张继的愁绪向何而去，但我们明白，钟声一定在某个时刻，触动着张继，因而他提笔写下——（示意学生读：“姑苏城外寒山寺，夜半钟声到客船。”）

师：感谢你们的问题，让大家更加了解这首诗，了解张继这位诗人。从此，我们对张继不再陌生，尽管我们与他相隔千年；从此，我们对姑苏城、对枫桥、对寒山寺的钟声不再陌生，尽管相隔百里。这，就是经典的力量。下课！

（执教：曹莹）

【评析】

《枫桥夜泊》是部编版五年级上册《古诗三首》里的一首诗。唐朝安史之乱后，张继途经寒山寺时写下这首羁旅诗。这首诗精确而细腻地描述了一个客船夜泊者对江南深秋夜景的观察和感受，勾画了月落乌啼、霜天寒夜、江枫渔火、孤舟客子等景象，有景有情有声有色。此外，这首诗也将作者羁旅之思，家国之忧，以及身处乱世尚无归宿的忧虑充分地表现出来，是写愁的代表作。教师在教学时通过变革教学方式、沉潜学生思维等方式让学生完全沉浸在学习之中。

一、变革学习方式，让学生沉浸学习之中

《枫桥夜泊》这首诗文字简练易懂，大多数学生都能够熟练背诵。五年级的学生通过自主预习就能知晓大概。因此，学生在学习过程中的自我体验非常重要，应亲自经历学习的过程才好。教师用体验式教学法组织教学，教学过程中，为了达到既定的教学目的，教师从教学需要出发，引入、创设与教学内容相适应的具体场景或氛围，以引起学生的情感体验，帮助学生迅速而正确地理解教学内容，促进他们的心理机能全面和谐地发展。课堂中小组合作学习是较好落实这种理念的方式之一，小组合作学习更能突出学生的主体地位，培养主动参与的意识，激发学生的求知欲，强化学生的责任感，更容易启发学生的创造性思维。在授课之前，老师布置预习作业，通过学习单提出学习要求，比如：正确朗诵诗歌，理解诗题意思，分享自己对这首诗简单的理解。在正式上课时，让学生用讨论的方式，在这一过程中，学生可以实现资源共享，互通有无，相互学习。而后，学生提出不能解决的问题，教师梳理问题，并引导全班伙伴共同解决问题。学生通过小组合作学习古诗，免去老师繁琐的讲解，沉浸在学习之中，这样能收到事半功倍的效果。

二、体现学习主体，让学生在解决问题中沉潜思维

“为学患无疑，疑则有进，小疑小进，大疑大进。”课堂就是提出问题和解决问题的过程。一堂好课，往往由几个有思维含量的问题作为课堂的线索。本节课，小组讨论后学生提出的一些高质量问题，能够在课堂上引起真正的思维互动和学习。比如:“对愁眠”是什么意思？为什么“霜”会“满天”都是呢？诗人为什么这么愁呢？像这样的问题是学生认知冲突的直接体现，这样的问题对学生的认知产生刺激，激发学生积极思维，引导学生为了解决这个问题而参与到合作交流中，是学生真实的自主探究和合作交流的起点。在问题的讨论中，学生变“接受知识”为“发现知识”，教师由原来的知识传授者，转变为学生学习活动的组织者、指导者，并且与学生平等参与课堂讨论。这节课课堂建构的方式是：以问题为线索，带动探究性学习；以活跃思维为目的，让主体的学生学得生动活泼。学生的主体地位得到体现，学生的潜能得到开发，而教师的主导地位也能真正被确定在促进者、引导者的位置上，“以人为本”的教学理念得到真正落实。正如教育家刘国正先生所说:“就课堂教学来说，不是我教你学，也不是你启我发，而是教与学双方做到和谐的交流，教师引导学生，学生也推动教师，教师得心应手，学生如坐春风，双方都欲罢不能，其乐融融。”学生头脑不再是被灌满知识的容器，而是一支需要被点燃的火把。“问题”就是能点燃这支火把的导火线，思想的火花一旦点燃，创新的火焰就会熊熊燃烧。

第五节　《精卫填海》教学实录及评析

【教学实录】

一、激趣游戏，走近古文

师：今天我们要学的是第四单元的第二篇课文《精卫填海》，这篇课文和本单元其他课文有什么不一样？

生：这篇课文是一篇文言文。

师：三年级的时候我们接触过文言文。文言文就是古人写的文字，其中篇幅比较短小的，我们称之为小古文。《精卫填海》是一篇描写神话故事的小古文，你们之前读过类似的古文吗？

（生各抒己见）

游戏：听古文，猜神话。

（出示盘古开天地、夸父逐日、大禹治水、精卫填海古文片段）

二、回顾学习方法

师：之前咱们研究过把小古文读好的方法。还有印象吗？

（引导回顾学习方法。出示右图）

通读：读准字音、读通句子
熟读：读正确、流利
研读：读懂意思，探索道理
品读：想象着去读
诵读：熟读成诵
展读：拓展延伸

师：读书就是这样层层递进的。咱们就来读读课文，看看大家都达到哪个水平了。

三、初读古文，能够通读、熟读

生：（自由读课文）

师：谁来读读？

（点名学生 1 读，学生能够朗读得正确、流畅）

师：你觉得这位同学读到什么水平了？

生：我觉得他达到了熟读的水平。读得很流利。

师：我认同。大家一起来关注两个字音。（强调“溺”“堙”字音）

（点名学生 2 读，学生同样能够朗读得正确、流畅）

师：你觉得这位同学读到什么水平了？

生：我觉得他达到了研读的水平。读得很有感情，有停顿。

师：我认同。咱们一起来读读，感受下停顿。

（生齐读）

师：大家读得很棒。

（引导学生先观察古籍《山海经》，再读古文排版《精卫填海》）

四、再读古文，共同研读、品读

师：接下来，我们到哪一步了？（生答“研读”）研读可以用什么方法？

看注释
看插图
发挥想象
联系生活
……

（引导学生回顾理解方法，并板书，如右图）

师：下面我把时间交给你们，请大家小组合作，来研读课文。

（学生进行小组合作研究）

（1）合作学习前，先提合作要求。

（2）学生合作学习，老师关注学习进度。

（3）合学展示前，强调展示要求。（右图）

【小组展示】
1. 小组长说分工。
2. 组员大声汇报。
3. 其他组可以帮忙补充或强调。

（4）小组汇报。

小组 1——

生 1：我来说“炎帝之少女，名曰女娃”的意思。可以通过看注释的方法了解“炎帝”的身份，炎帝的小女儿，名叫女娃。大家有强调的地方吗？

生强调：“少女”是小女儿。

师补充：古文与今文意思不同。

生 2：我来说“女娃游于东海，溺而不返”的意思。女娃在东海游玩，溺水了不能返回。大家有补充吗？

生补充：女娃在东海玩，掉在海里淹死了。

生补充：女娃在东海里游泳，也许是抽筋了，所以溺水了。

生补充：我看过一本书，女娃坐着船游玩，不小心船翻了，女娃就淹死了。

生补充：我也是看书的，书中写大浪打过来，船翻了，女娃就淹死了。

师补充：我们研究着研究着，就能理解意思。“游”字用“游玩”也许更加妥当。

生 3：我来说“故为精卫，常衔西山之木石，以堙于东海”的意思。女娃溺水身亡之后，变成了一只名叫精卫的鸟，常从西山衔取木头或石头，希望把东海填塞。大家有补充吗？

生补充：填可以说是“填满”。

生补充：也不应该叫“填满”，应该是把海填平，就是要把海给填成陆地。

师：把“堙”换成“填”字可以吗？

（生议论）

师：“填”表示一个动作，“堙”不仅有填的动作，还有“使其满、使其平”的意思。所以这个“堙”字还是非常重要的。

生补充：精卫是在东海淹死的，她要到西山去运石头，是非常辛苦的。

生补充：所以可以看出女娃是想坚持把东海填平，我们读的时候就要读出她坚定的意志。

师：古人认为，天圆地方。女娃从西边的山上衔取木石，然后要飞到东海填平，这段过程是非常遥远的。所以你该怎么读这句话？

（生读，体会人物精神）

师：刚刚大家学习得都很认真。奖励大家。

（游戏：师生合作——师说故事，生读古文）

师：带上自己的感受读一读。

（生自由读课文，加深体会）

师：刚刚老师故事讲得好吗？

生：好。

师：《精卫填海》是一个神话故事，充满了想象。如果按照“充满想象”

的标准，老师刚刚讲的故事好吗？

生：不够好，不够有想象力。

师：我是按照课文的意思来讲的，确实有点呆板了。你有什么方法讲得更好？

生：可以详细一些，说说故事的背景。

生：可以再细一些。比如说说女娃长什么样子，化为精卫鸟后又是什么样子。

生：可以把最有趣的部分讲夸张一点。比如，把“常衔西山之木石，以堙于东海”说得夸张一些。

生：可以说说东海和精卫的对话。

师：同学们非常聪明，像你们这样才叫想象。老师给大家提供两个方法，便于大家更好地讲这个故事。

（出示“情节梯”“感官图”）

情节梯

和同伴一起说一说精卫填海的起因、经过和结果，展开想象，继续丰富故事情节，以“情节梯”的形式完成。完成后，一起讲故事（可一人主讲，其他人补充讲述，也可以将任务分解）。

感官图

故事中的人物都看到了什么？听到了什么？说了什么？想了什么？……

感官图能帮你打开想象吗？

第一个，我们可以根据故事的起因、经过、结果来讲一讲这个故事。

第二个，可以用“感官法”来讲这个故事。

（学生二选一，根据想象自由说故事。并展示）

小组 2 展示——

生 1：我用感官法。有一个人叫炎帝，他给小女儿取名叫女娃。有一天，女娃去东海玩儿，她乘着小船在海面玩耍。可是，一个大浪打过来，女娃掉进海里淹死了。她死后，化为了精卫鸟。她的身体是橙色的，翅膀是红蓝绿相间的，爪子是红色的，非常锋利，它的尾巴是黑红的。精卫经常发出呼唤自己名字的叫声，所以人们称她为精卫。她非常憎恨夺走她生命的东海，于是经常衔着西山的石头，想要去填平东海，不让其他人像她一样再被东海夺去生命。

生 2：我来补充对话。东海说：你为什么要填平我？精卫说：我要填平你，不让你再害人！

师：说一个故事，就是这样一点点补充起来的。

生 3：我用情节梯。炎帝有一个小女儿，她的名字叫女娃，因为女娃在东海游玩的时候，溺水身亡，不能再回来了，所以她化作一只精卫鸟，衔来西山的木头、石头，填塞东海。

生：我们可以再补充一下故事的起因。女娃总是被炎帝留在家里，独自一人，所以女娃要出去玩儿。女娃淹死后，炎帝非常后悔没有陪伴自己的女儿。

师：说得好。把故事的起因和结尾都进行了拓展，充满了想象。谢谢你们。

五、抓重点语句，共情诵读

师：我们读神话故事的时候，总有情节令人感动。这篇文章最令你感动的是哪句话？为什么？

生：让我感动的是“常衔西山之木石，以堙于东海”。因为通过这句话我感受到，精卫一直反反复复地从西山衔木石到东海去，西山在西边，东海在东边，有很远很远的路程，而且精卫是一只小鸟，她要飞这么远的路，一定很疲惫，但是她还是坚持下来，这个精神我很佩服。

师：请你把“坚持”写到黑板上。

师：这小小的鸟儿，在无边无际的大海上飞翔。（引导学生读）

当大海还在沉睡，天空还是蒙蒙亮的时候，这只小鸟在——衔西山之木石，以堙于东海。

当大海上巨浪翻滚，狂风卷起的时候，这只小鸟依然在——衔西山之木石，以堙于东海。

当大海上电闪雷鸣，暴雨如注的时候，精卫依然在——衔西山之木石，以堙于东海。

日复一日，年复一年，精卫在东海之上——衔西山之木石，以堙于东海。

师：你怎么形容这样的精卫？

（生：坚定、执着、了不起、勇敢……）（学生相机板书）

师：神话故事中，还有很多像精卫这样的人物。比如：

盘古——头顶天，脚踩地，日复一日年复一年，用身体创造美丽的世界。

夸父——执着追逐太阳，直到生命的尽头，从不放弃。

大禹——治水十三载，过家门而不入。

他们都“常衔西山之木石，以堙于东海”。

师：这就是精卫填海的精神。一起再读课文，让这样的经典成为我们的力量，永远留存在我们的心中。（生齐读）

（执教：张旭）

【评析】

“沉浸”的本意是“浸泡”，后引申为“完全处于某种境界或思想活动中”。“沉浸式”教学是通过一系列措施，使得学生高度集中于学习，全身心投入学习活动，获得良好的学习效果。本节课中，教师致力于结合自身教学特色，以及教学目标，引导学生沉浸于《精卫填海》的文字描写，沉浸于《精卫填海》的故事情节，沉浸于感受《精卫填海》的人物精神，为达到这一教学效果，教者采用了一系列教学策略。

一、搭建支架，维护学习安全感

研究证明，学生往往在感到安全时学得最好。在课堂上，老师往往不自觉地掌握绝对的话语权，这无形中削弱了学生学习的安全感，学生会因此害怕或拒绝参与课堂学习，游离课堂之外。所以，维护学习安全感是使学生“沉浸”于学习的原则之一，教师可以采用搭建学习支架的方式，来支持学生学习，维护学生学习的安全感。比如：提供方法、创设情境等。

在本课教学中，教师采用了提供具体学习方法的策略，融学法于课堂，始终要求学生采用一定的学习方法去学习课文。在第二环节“回顾学习方法”中，教师引导学生对所学知识进行回顾，结合小古文的文本特色，抓住通读、熟读、研读、品读、诵读这五个具体方法，顺势提出：我们就以这样的方法来读，看看自己达到哪个水平了。这样，有了明确却不唯一的读书目标，学生个个跃跃欲试。从课堂实录中可以看出，学生整体的读书水平是很不错的，初读便能够达到“熟读”的状态，并且能够获得同伴的点评认可，这与教师给予的学习支持是分不开的。

在第四环节“研读”文本中，教师带学生先探究研读的方法“看注释、看插图、发挥想象、联系生活……”，再要求学生用这样的方法去理解课文，学习难度就降低很多，学生学习得更加积极。

再比如，在第四环节中，同学们需要完成“用自己的话讲讲精卫填海的故事”的学习目标，老师设计了“情节梯”“感官图”两个具体学习方法，让学生讲故事更有依仗，讲故事变得更容易。课堂上，学生经过小组讨论，能够在短时间之内借助两种方法呈现出比较完善的、丰富想象后的故事情节，这也是由于获得了学习支架的缘故。

学生拥有了学习的支架，学习目标更加明晰，学习变得更加容易，更有学习底气，更愿意沉浸其中。

二、开展活动，集中学习注意力

沉浸式代表着对学习的专注思考，在面对难度较高的学习目标时，更加需要学生投入更高的精力和热情来完成。所以，集中学习注意力是使学生“沉浸”于学习的原则之二。为了维持学生的专注度，我们可以创设一个为解决问题而集中精力思考的活动，创设一个维持学生学习注意力的活动环境，为达到学习目标而集中智慧。比如：小组合作、自由辩论等。

在本课教学中，最为明显的活动形式是小组合作。教师提供了研读方法、小组合作的方法之后，给予学生充分的学习空间，让学生围绕理解课文的目标去努力思考和讨论。比如："少女"的意思，古今义是有差距的，学生在学习中，强调了它在文中特指"小女儿"，加强了记忆。再比如，对于"游于东海"的"游"的理解，有的学生理解为"游泳"，有学生就提出异议，认为应该是"游玩"，并结合自己所读书籍来验证，这样获得了多数人的认可。

学生有了集中的学习目标，明确的分工，积极参与学习活动，有主讲、有辅讲、有补充、有强调，每个人都极力为获得更加合理的理解而努力。小组内部合作必须集中精神，小组在班级展示更加需要面对来自全班同学的补充和建议，这些都要求高度专注于学习活动。这使学生不仅能够高效地理解学习知识，也提升了学习能力，同时让学生拥有学习幸福感和成就感，正是一种沉浸式学习。

三、改编创作，拓宽学习自由度

学习是需要促使学生不断努力思考，不断追求提升的。沉浸式学习不仅意味着学生的专注度更高，也意味着学生可以拥有更加广阔的学习空间，学习自由度更高，如此才能让学生学得更积极主动，更有兴味，全情投入。所以，拓宽学习自由度是使学生"沉浸"于学习的原则之三。在语文课堂上，我们可以用好文本，为实现学习目标进行拓展。比如：改编创作、主动联想、采用多元媒介等。

在本课教学的第四环节，教师需要引导学生完成"用自己的话讲讲精卫填海的故事"的学习目标。如果直接提出"大家来讲讲这个故事"的要求，学生的学习就被限制住，因为"讲这个故事"需要达到怎样的程度并未明确，学生就不太好放开思考和交流，抑或难以下手。

我们来看看教师是如何引导学生走进学习环节的。教师先要求学生和自己合作，根据文本说出故事大义，要求学生点评。学生一开始都说好。然而这显然不是老师要的答案。她提出：真的好吗？接着，教师结合文本作为神话故事充满想象的特点再提问，聪明的学生一下子能够明白老师的意思，纷纷提出看法：不够好，因为刚刚的故事大义只是围绕文本来讲句子意思，没有丰富的想象，不能够称作精彩的故事讲解。教师顺势提问：如何讲好？学生的思维空间一下子打开，纷纷发表意见，提出可以在文中的各处丰富想象，将故事表达得更饱满。老师顺势提出要求：结合方法，自己将文本进行改编、创作，讲出属于你自己的《精卫填海》。这样没有唯一答案的学习目标，拓宽了学习空间，学生自然乐于表达，并不畏异议。我们可以看到，课堂上，学生能够积极表达，主动补充，为了完成一篇理想中的故事而集中努力。

在这样的学习环节中，学生需要主动思考，热烈讨论，积极创作，他们需要发挥想象，通过复杂的语言组织，高效的大脑运转，来呈现学习成果，并期待获得更多的建议以提升，学习空间大，自由度高，当然能够使得学生沉浸其中。

第六节　《画》教学实录及评析

【教学实录】

一、导入古诗

师：课前，小马同学带大家一起吟诵了《风》这首古诗。古诗是我们中华民族从古至今流传下来的经典。在这些经典的古诗中，有一些句子非常有趣呢！就像这首诗，你知道有趣在哪吗？

生：这首诗很有趣，诗里没有风，但是我们知道它说的就是风。

师：是的，整首诗中没有一个“风”字，却能让我们知道这说的就是风。诗句是谜面，诗题是谜底，这是一首谜语诗呢！今天，我们还要来学习一首特别的谜语诗。诗的题目是——《画》，伸出小手，跟着老师写一写。

生：（跟着老师写课题）

师：汉字本身就像一幅画。跟老师一起说说："画"字就是一幅画，一横是相框，一田是风景，竖折竖来一幅画。（生跟着老师说）

师："画"字有 a，嘴张大，你来读。

师：我知道很多小朋友都喜欢画画，把你的喜爱之情也读出来。

师：哇，老师听出了你特别喜爱画！

二、初读古诗

师：老师也被这首小诗吸引了，先听老师来读读。（师读，生听）

师：刚才大家听得都很认真，要想自己读啊，首先要把字音读准。（出示生字词，生读）

师：字音读准了，让我们开火车读一读。注意：声音响亮，词儿连读。（生读）

师：那么我们就把它们送进整首诗中，连起来读一读。请你借助拼音，读准音，注意停顿，不拖音，难读的地方多读读。（生读）

师：我们就像这样读准每个字的字音，看到每行最后的标点要稍稍停一停。

师：除了标点能帮助我们读书，小小魔法棒也来帮忙啦！瞧，老师在黑板上请来了小魔法棒，遇到小魔法棒可以停一停，谁能根据他们的位置再来读读这首诗吗？（指名读）

师：小魔法棒能帮助我们把诗读得更有节奏，更好听。

三、研读古诗

师：我们就边读边想象画面，看看我们想象的画面是不是和诗里的画一样。

（一）远看山有色，近听水无声

师：诗的前两行谁来读？

生：（读）

师：从她的朗读中，你仿佛看到了画里有什么？

生：她看到了画里有山也有水。

师：这山水是什么样子的呢？

生：山是青绿色的。

生：山还很高。

师：我们来看看画吧。这幅画上，高高低低的山，所以“山”这个字的字形也很有意思，（出示“山”的字源图）主峰高高站中间，一座山的山峰是最高的，你的发现跟我一样，左右山峰来相靠，谁能读好这个字？

生：（读“山”）

师：我听出来了，你的朗读让我们感受到山很有气势。

师：（出示“远”的字源图）“远”字外面的走之底就像画中弯曲的山路，里面的“元”就像一个人，一个人在山上迈开大步向前走呢，就请你来读。

生：（读“远”）

师：我们还可以边读边做做动作，那山很远很远，所以我们要这样才能看清楚哦。

生：（做动作读）远看山有色。

师：（出示“水”的字源图）古人写“水”呀，中间一条水流，就像“水”字腹部中间的竖勾，而两旁激起的水花，就像水字两旁横撇、撇、捺，三声读饱满。

生：（读“水”）

师：哪位小朋友来到这画前，听一听，看看能不能听到这水流的声音。

生：（上台走到画前，听）

师：你能听到水声吗？

生：听不到，什么都听不到。

师：是呀！这就叫“近听水无声”。谁来读？

生：（读）近听水无声。

师：小朋友们，你们发现了吗？她在读的时候把这行诗读得很轻。

我们来问问她为什么这么读？

生：读轻了些，就好像走近了，仔细听了，但还是没有声音。

师：“近”字也是走之底，咱俩现在距离怎么样？

生：很近。

师：（教师往后退）咱俩现在距离怎么样？

生：很远。

师：看，山水配合得真美，下面我们看着这幅图，一边做动作，一边美美地读一读。

生：（读前两行诗）

师：小朋友们，前两行除了远近意思相反，还藏着一组反义词，你发现了吗？

生：（异口同声）有——无。

师：让我们一起再读一、二两行诗。

生：（读）

（二）春去花还在，人来鸟不惊

师：画中除了山水，还有什么？

生：花。

生：鸟。

师：让我们一起来读三、四两行诗。

生：（读）

师：“花”这个字读时嘴巴慢慢张大，就像花开放了一样。

生：（读“花”）

师：小朋友们，现在是什么季节啊？

生：秋天。

师：这画上的花是春天开的，现在都已经是秋天了，花还开在这里呢。这就是？

生：春去花还在。

师：谁来用教鞭来撵一撵这鸟。

生：（生上台撵鸟）

师：使点儿劲，大点儿声。

生：（再次惊吓鸟）

师：鸟儿被惊动了吗？读——

生：人来鸟不惊。

师：是呀，春天远去了，但花、鸟却依然留在了画上。

师：（出示“去”的字源图）大家看“去”这个字上半部分就像一个人张开双臂向远处走，下半部分就像房子的出口。谁来读？

生：（生读）

师：（出示“来”的字源图）古人认为，小麦是上天送来的，要慢慢地来。“来”字就有了从另一个地方到这里的意思。谁来读？

生：（生读）

师：我们来把这三、四两行诗美美地读读。

生：春去花还在，人来鸟不惊。

师：看着图，我们一起美美地读读整首诗。

生：（读诗）

师：伴着音乐，看着美景，再读读。

生：（读诗）

师：听了你们的朗读，这幅画已经深深地印在了老师的脑海中。其实古诗不仅可以读，还可以唱出来。（播放音频）

生：（随着音频，跟着吟唱）

四、学习生字

师：汉字藏在花鸟后面，生字开花小游戏开始咯！

生：（生字开花游戏）

师：写字前，先来做做手指操。

生：（做手指操）

师：（书写示范指导）

生：（书写、展示，生生互评，教师点评）

（执教：阚云）

【评析】

《画》这篇课文是一首谜语诗，诗人通过文字描绘出一幅秀丽的风景画：山峰苍翠，水流潺潺，花朵绽放，鸟儿静谧，一派鲜活之景，诗人对画中美好事物心驰神往，读者也心旷神怡，更为诗人的精彩创作而惊奇。本课在部编版小学语文一年级上册第五单元的识字单元，教学重难点在于识字写字，尤其是如何通过古诗文教学教授刚入学的孩子识字写字。教者能依据一年级小朋友的年龄特点，采用沉浸式教学方法，收到了很好的教学效果。

1. *沉浸式导入，学生兴趣盎然*。导入环节，孩子们刚刚在小领诵员的带领下背诵完《风》这首古诗，便是一个契机。众所周知，《风》和《画》一样都是谜语诗，全诗无一“风”字，世人便皆知此诗写的是风，正是这类诗文的绝妙之处。孩子们在刚刚入学之际，学习兴趣的激发是最为重要的。教者利用孩子们以前对《风》的了解，引入《画》这首谜语诗。小孩子最喜欢探秘了，尤其是能够用自己知道的知识，通过自己的努力去开启未知的学习，是很能激发他们的求知欲的。从一首熟知的诗到一首未知的诗，利用已知的知识帮助自己探索未知的奥秘，孩子们兴致盎然，沉浸在学习活动之中。

2. *字源图识字，浸润学习方法*。利用字源图识字是一种有趣的识字方式，字源图是由形象的图画或甲骨文组成汉字。形象的图画可以放大字形差异，从本源意义上进行解析，让孩子能够更清晰明白地了解汉字的来源、结构组成和字义。复杂的字变成直观的图形、甲骨文，让识字变得容易又有趣，这也是一种很不错的沉浸式教学策略。在本节课多个环节中教师都出示了字源图，让学生跟着字源图识字写字，在古诗文教学中让字源图成为了学生识字写字的好帮手。图画的形象生动带动了古诗《画》教学的形象生动，图画对学生的视觉冲击让本课古诗更有意境，而我们本节课学习的古诗正是一幅真正的画，也可以看作是一幅大的字源图，我们从其中也能够看到很多真实的字源，字源图与古诗《画》的教学相结合，可谓是“天作之合”，相信学生沉浸地学完这课后也能够更多地留意生活中的风景和事物，让生活真正在学生心中成为一幅秀丽美好的画卷。

3. *音视画同享，在美中沉浸。*本节课教者还用到了音乐、视频和图画辅助学生学习。音乐和视频让学生在读准字音、读通句子、读出节奏、读懂诗意的基础上读出画面和情感。当然这一连串的学习方法对一年级初入学的孩子来说还比较难，教师没有在课堂上直接讲授这些学习古诗的方法，而是潜移默化，层层深入，在赏画、听画、唱画的过程中逐渐渗透学习方法。读准字音、看清画中之景才能赏“画”，读通句子、读出节奏更便于学生听“画”，读出画面和情感才能更好地将“画”融于心里，美美地唱出来。

第七节 《书戴嵩画牛》教学实录与评析

【教学实录】

一、导入

师：同学们，你们有偶像吗？

生：我的偶像是袁隆平爷爷，他让我们每个人天天有饭吃。

……

师：我也有一个偶像，他就是能写诗，会作词，擅长书法和绘画，还能烧得一手好菜的苏东坡，也叫苏轼。今天，我们一起来学习他写的一篇文章——《书戴嵩画牛》。（板书课题）谁来读读课题，说说是什么意思？

生：（读课题）意思是写戴嵩画牛这件事。

师：是的，你理解了题目的意思，所以停顿很准确。我们一起来读读课题。

生：（齐读课题）

师：像这样写在字画上有关品评、鉴赏、记事的文字，称为“题跋”。

二、初读课文

师：同学们对文言文都不陌生了，那就自己读一读课文，注意读准字音，读清停顿。

生：（自读课文）

师：谁能提醒一下同学们需要注意的字音和停顿？

生：我要提醒大家“杜处士”的“处”读第三声，注释里说处士是有德才而不愿意做官的人。

生：“好读书”的“好”读第四声，是爱好的意思。

生：“所宝以百数”的“数”读第三声，表示成百地数。

生：“一日曝书画”的“曝”要注意，是晒的意思。

师：你们提醒了四个多音字，非常棒！我们一起读读。

生：“尾搐入两股间”这句读的时候可以在“入”后面稍停，会读得更顺。

师：你的提醒非常好，请你带大家一起读读。（生领读）

师：刚刚几位同学都是有心的小老师，提醒得很精准。那我们一起完整地读一读苏轼的这篇文章。

三、研读课文

（一）研读第一自然段

师：古人云：“书读百遍，其义自见”。

（出示原文）

师：文中的杜处士给你印象最深的一点是什么？

生：他很喜欢书画。

师：你是从哪里读到的？

生：从“好书画”可以看出。

师：（板书：好）你从哪些地方能感受到他“好书画”？

生：我从“所宝以百数”感受到他特别喜欢书画作品，藏品特别多，都成百上千了。

师：是的，只有喜欢才会收藏。“以百数”是成百成百地数，那一千一千、一万一万地数怎么说?

生：所宝以千数，所宝以万数。

师：你们已经可以活学活用了。我们回到刚刚的问题，还有补充吗?

生：“锦囊玉轴”说明戴嵩特别珍视这幅画，用锦缎做装画的袋子，用玉石做画轴。锦缎和玉石都是十分贵重的材料，如果不是特别喜欢，是舍不得的。

生：人们对喜欢的东西往往都是爱不释手的，杜处士对喜爱的书画“常以自随”，说明他时时刻刻都带着它。

师：原来杜处士真是这样一位“好书画”的士人啊！谁能借助这一段的内容，为我们好好介绍一下他。

生：四川有一位有德才而不愿去做官的士人，姓杜。他特别喜欢书画艺术，收藏了很多优秀的作品，大概有成百上千幅了。其中，他最喜欢戴嵩画的《牛》，专门用玉石为这幅画做了精致的画轴，还用锦缎做了装画的布袋。他走到哪儿都要带着这幅画，向友人展示，简直爱不释手。

（二）研读第二自然段

师：同学们，你能不能像刚刚学习第一段一样，选择一个字或词，来研究研究这一段？小组讨论讨论。

生：我们选择的是文中出现的两个“笑”。

师：这个需要大家好好思考，比一比，谁更有想法?

生：牧童是“拊掌大笑”，笑的声音很大。而杜处士是“笑而然之”，应该是微笑。

生：牧童的笑是表达得意或是嘲笑。而杜处士的笑是表达赞同。

师：你能表演一下牧童和杜处士的笑吗?（指名表演）你从他的表演里感受到了什么?

生：我觉得牧童特别直率，他笑的时候直接就拍起了手。

生：我觉得牧童特别勇敢，敢于去质疑画家的画。

生：我觉得杜处士是个特别有修养的人，一般人面对自己喜爱的东西被别人质疑、笑话一定会很生气，可他却没有，听完牧童的话还笑了。

师：是呀，面对此情此景，一般人可不会“笑而然之”，而是会怎么样？

生：愤而吼之。

生：起而骂之。

生：骂而打之。

生：怒而否之。

师：这么一对比，杜处士果然是杜处士啊！我们同桌合作来演一演这个场景吧！

生：（两两合作，通过适当的动作、表情、语言等进行场景表演）

师：请一组上台展示。

生：（表演）

师：谁来当个小评委，评价一下刚刚的表演？

生：我觉得牧童演得好，他拍掌大笑的动作非常自然，笑的时候嘴巴张得很大，声音很响亮，头也仰起来了。

生：我觉得他把杜处士意味深长的笑演出来了，配合着点头的动作，体现出杜处士的修养。

师：感谢两位表演的同学和两位小评委！我们继续讨论。

生：“谬矣”。

师：我们来研究研究这个“谬矣”。

生：牧童天天和牛在一起，对牛很了解，肯定见过斗牛。

师：有道理，牧童一定有经验。那么，是戴嵩犯错误了？

生：不，戴嵩作为一位有名的画家，他在创作前一定仔细观察过牛打斗，也许他看到的牛与牧童熟悉的牛品种不一样。

生：牧童虽然经常与牛在一起，但是接触的牛数量有限，也许他所见只是个例。牛与牛也许是不一样的，而戴嵩可能见过更多的牛，因而画出了牧童没见过的样子。

生：戴嵩画牛是艺术创作，艺术源于生活，有时也会高于生活。所以与牧童所见不同也是可以的。

师：同学们都阐述了自己的观点。苏轼在文章最后也表达了自己的观点。

（出示原文）

师：他是怎么认为的？

生：每个行当的知识都要问专业的人，术业有专攻。（板书）

师：苏轼认为专业的事要听专业的人。那我们来看看这些图片。

（出示戴嵩其他斗牛书画作品和生活中的斗牛照片）

师：看了这些图片以后，你有什么想说的？

生：牧童虽然有真实经验，但是他的经验也许是不全面的，所以可能不一定是对的。

生：原来斗牛的姿态是多种多样的，那么我们看待事物就要全面，多方面多渠道搜集信息，避免“盲人摸象”。

师：现在，你们再来读一读苏轼的观点，你有没有新的想法？这句话的标点是不是可以改一改？

（出示：耕 当 问 奴 织 当 问 婢 不 可 改 也）

生：耕当问奴，织当问婢？不，可改也。有的时候专业的人也会有顾及不到的地方，所以在某些情况下，结论也会发生改变。

四、总结

师：学完了这篇课文，大家有什么收获吗？

生：文中的牧童虽然看待问题不够全面，但是他却有敢于质疑的勇气，这是值得学习的。

生：我们要有全面意识，多调查多思考，方能得到正确答案。

（执教：史晧珺）

【评析】

本节课教学，教师采用多种途径，设计多种场景，让学生置身于学习的情境和课文的内容之中。

一、创设情境，让位于生

在初读课文反馈时，教师通过让学生当小老师来提醒的方式创设了一个“生即师”的情境，学生走进“老师”的角色可以更好地调动其学习的主动性。在生生互动中，“小老师”说得更谨慎准确，基本将课文中易错难读的字音、断句都一一点出，强化了重点。同学们听得也格外认真仔细。因此，学生在后面的朗读中没有出错，记忆效果很好。全文齐读时，绝大部分同学们已经可以读到“如出己口”的熟练程度。

二、小组合作，生生互助

在理解文章大意的过程中，教师通过小组合作、同桌合作的形式让学生形成学习共同体，营造积极的学习氛围，整体带动每一个学生的参与。让学生小组讨论推选最有价值的问题来考同学，又一次将课堂的主场推给学生，将老师的角色让给学生，创设了更具挑战性、也更具吸引力的学习情境。小组合作可以促进同伴交流，让思维碰撞产生火花，也增添了学习的趣味性，让学生沉浸于学习之中。在小组合作时，每个组员的积极性都非常高，学生更有主人翁意识了。在小组讨论时，他们自然而然发现答案不唯一，内涵丰富的问题更有价值。在全班交流讨论的过程中，学生在前期小组学习的基础上，在辩论、质疑中将观点越理越清，理解更为深刻。最后，学生会发现这节课学到的内容都是他们自己主动获取的，而非老师灌输的。学生的学习成就感更足，学习兴趣也更浓了。

三、情景再现，深入文本

古人云：“入忽耳，著乎心，布乎四体，形乎动静。”学生在阅读与理解文言文的基础上，以表演的形式展现其内容，并参与到角色体验与互动中，能够深化对文言文的理解，同时也更能体会到学习文言文的快乐。

教师让同桌合作表演，就是让学生融入故事情境，使其对文章内容理解得更清楚。学生扮演故事中的角色，在设计动作、表情、语言的时候都是从文字入手展开合理的想象，将抽象的文字符号变成了生动的画面形象，体会到了阅读与表达的快乐。

这篇小古文教学，很好地演绎了“沉浸式”教学。

第八节　《长相思》教学实录及评析

【教学实录】

一、导入揭题

师：同学们，今天我们一起学习清代词人纳兰性德的一首词《长相思》。你了解纳兰性德吗？

生：我从一则资料上了解到他是个文武双全的人。武能骑马射箭，成为康熙皇帝的一等侍卫。文能吟诗作词，写下的纳兰词，被世人所传颂，被人们称为“清代第一词人”。

师：是的，他是一等侍卫，第一词人。

师：今天，我们就来学习他的《长相思》。（板书课题）“长相思”是个词牌名，你们猜一猜，它会写些什么呢？

生：两个人长久的思念。

师：是的，这个词牌名的词通常是写人们的相思之情的。相思像长长的丝线，把人们的心紧紧相连。让我们一起来读课题。

生：（读题）

二、初读全词

师：我们读词有三个层次，第一层次是读正确。课前已经预习过了，谁来读读这首词，把它读正确。

生：（读词）

师：（相机正音，重点指导“更”和“聒”）

师：读词的第二个层次是要读得有节奏。谁来读读，读出节奏来。

生：（读词）

师：谁来说说他读得怎么样？

生：（评价）

师：读得很好！断句恰当，并且还能做到声断气连呢。请大家自由读一读。

生：（自由读全词）

师：让我们一起来读。

生：（齐读）

三、研读全词，想象画面，感受征程之壮美

师：这读词的第三个层次是要读出画面来。让我们先来研读上阕。

（出示任务一：自主学习，借助注释理解大意，想想仿佛看到怎样的画面）

生：（自主学习）

师：谁愿意来交流交流。

生：我仿佛看到了军士们翻过一座座山，渡过一条条河，向山海关那边前进，夜里千万个帐篷里亮着灯。

生：我仿佛看到了军士们翻山越岭、跋山涉水，行军的路程很长，很辛苦。

师：谁能读出这种山长水远的感觉？

生：（读）

师：听了你的朗读，让我感受到了军士们征途的不易，同时又感受到了夜晚军营的壮丽。

师：读到此处，你们有什么疑问吗？

生：夜深了，军士们为什么不睡觉呢？

师：是啊，白天行军那么辛苦，理应好好休整，千帐之下的灯却久久不息，这是为何？

师：读以下诗句，体会这点点灯火到底在诉说着什么？

（出示：

孤灯不明思欲绝，卷帷望月空长叹。——李白《长相思·其一》

旅馆寒灯独不眠，客心何事转凄然。——高适《除夜作》

万里经年别，孤灯此夜情。——白居易《除夜寄弟妹》

落叶他乡树，寒灯独夜人。——马戴《灞上秋居》）

生：（读）

师：不同作者笔下的灯传达了共同的情感——孤独、思念。纳兰性德笔下的灯却有千盏万盏，这千万盏灯下有着千万个孤独的相思之人。他们在思念什么？

生：故园。

师：这份相思在山间、在水畔，在千帐灯下。齐读上阕。

生：（读上阕）

师：接下来我们来研读下阕，看看又能读到怎样的画面？

（出示任务二：小组合作，研读下阕，想象画面。说说纳兰性德会梦到什么？）

生：（按要求合作学习）

师：哪一小组来跟大家交流交流？

生：我读到了军士们生活环境的艰苦。外面刮着风，下着雪。

生：我读到了词人躺在床上辗转反侧，难以入眠的情景。

生：我读到了词人在思念家乡的画面。

师：此时的风雪声让词人难以入眠，想到家乡，想到“故园无此声”。他还可能想到什么？

生：有可能想到家乡春日融融的芳草地上，百花盛开，蝴蝶在花丛中翩翩起舞。

生：有可能想到夏天，家乡蝉声阵阵，杨柳树下，老人们在下棋、乘凉。

生：有可能想到秋日里的一轮明月，像一个白玉盘嵌在天空上，家乡的小院深处传来声声虫鸣。

生：有可能想到冬天红泥炉旁，母亲正在生火做饭，旁边烤着香喷喷的红薯。

师：其实啊，在纳兰性德的词中，他心中的故园就是这样的。

（出示：记当时，垂柳丝，花枝，满庭蝴蝶儿。——纳兰性德《河传·春浅》）

生：（读）

师：这风雪交加的夜把纳兰性德思乡的梦都给聒碎了。身向榆关，心要向故园。身心本是一体，现在却要割裂。让我们一起跟着音乐读这首词。

生：（配乐读《长相思》）

师：你们读得有滋有味，韵味无穷，读出了画面，读出了韵味，读出了情感。一切景语皆情语，同学们以后再读古诗词的时候，一定要把握藏在景物后面深厚的情感啊！

（执教：王夕辰）

【评析】

王老师《长相思》这节课，能从调动学生多种感官，让学生沉浸于词的内容和思想情感之中。

1. 听觉沉浸——诵读入境。沉浸式学习作为一种全身心投入到古诗词学习当中的学习方式，离不开课堂上多种感官的触发。首先是听觉触发，通过外在氛围环境的渲染，带动学生深入到古诗词的世界当中。本节课采用了背景音乐教学法，通过播放与古诗词意境相吻合的音乐来营造氛围，唤醒学生的听觉。比如在感受“故园无此声”的意境时，教者以轻快舒适的音乐进行渲染，引导学生诵读纳兰性德描写故园的诗词；再与风雪声进行对比，体会纳兰性德“不得相思”的痛苦与无奈，读好“风一更，雪一更”，这时，音乐的渲染与内在情感彼此交融，再以孩子们的深情诵读加以表现，读好全词，课堂充盈着“语文味儿”。其实这是一种外向的调动，还有一种更好的方式——内在调动，即通过带领学生诵读古诗词的方式来实现其自我调动，第三学段诗词诵读的重点在于读好韵律，这节课上，读好“eng”韵是诵读难点，需予以关注。教师指导学生于充分诵读中体会词作音韵和谐之美，揭示了此韵与词人情绪间隐含的关系。

2. *视觉沉浸——词中有画*。视觉沉浸，是非常直观、直接，情绪强烈的一种沉浸方式，本单元的阅读要素是“初步体会课文中的静态描写和动态描写”，在初步感知上阕动态、静态描写的基础上，教师引导学生先深入动态画面，通过交流感受、阅读资料，充分体验行军的艰辛、漫长。接着，在理解“夜深千帐灯”时，“灯”是古典诗词中的经典意象，往往与孤独、哀伤的情绪联系在一起。纳兰性德笔下的“夜深千帐灯”从“象”上看，呈现的是一派壮美无比的静态画面；从“意”上观，抒发的是征程中的孤寂、落寞。壮美的景象通过想象、描述画面来具化，内心的孤独相思则通过相关诗句的拓展加以映衬。外在景象与内在情感彼此渗透，相得益彰。接着，孩子们通过想象为词人圆梦，学生想象的一个个场景，也让自己沉浸在词人的情感之中。

第九节　《夜宿山寺》教学实录及评析

【教学实录】

一、了解李白

师：小朋友，课前我们先来玩一个看图猜诗题的游戏，想玩吗？（屏幕依次出示课文插图以及诗题《静夜思》《古朗月行》《赠汪伦》，师生同背三首古诗）

师：这三首诗，作者都是李白。（板书：李白）

那你们对李白有什么了解呢？

生：唐代大诗人……

师：是啊，李白，字太白，号青莲居士，被称为“诗仙”。今天我们一起学习他的一首诗，通过诗来走近李白。

二、走近李白

（一）走近诗题

师：走近李白，首先要读懂李白的诗题，一起读。（师板书：诗题。出示诗题：《望庐山瀑布》《早发白帝城》《夜宿山寺》）

师：你们看，老师画线的部分都表示——

生：地方。

师：《望庐山瀑布》就是——

生：看庐山瀑布。

师：《早发白帝城》中的“发”字是什么意思？

生：出发。

师：《早发白帝城》就是——

生：早上从白帝城出发。

师：你是有点懂李白的。那《夜宿山寺》的“宿”的意思是？

生：住宿。

生：住的意思。

（师出示“宿”的字源图）

师：小朋友们，你们看，“宿”就是在一座房子里，一个人正躺在竹席上睡觉。

师：《夜宿山寺》就是——

生：夜晚住在山寺里。

师：你们都读懂了诗题。组词，观察部件，研究字源都可以帮助我们理解生字意思。

（二）走近诗句

师：这就是今天我们要学习的诗歌，读诗题——《夜宿山寺》。想要读懂诗歌，先要读好它。

（1）范读

师：请同学们拿出语文书，先听老师来读，注意听清字音，听清停连。

（师范读）老师读得好不好？

生：老师读得很流利。

生：老师读得声音很响亮。

生：老师读得很有感情。

生：老师把字音都读准了。

师：是呀，首先要读正确。把生字放进诗歌中，请同学读读。

生：（齐读）

师：要想有感情地朗读诗歌，画节奏可以帮我们读出古诗的韵律。这首诗可以在哪里停顿呢？

生：（上台画停顿符号，并试着朗读）

师：你怎么知道要这样画？

生：根据读的感觉画的。

师：谁还能像他这样读一读？

生：（指名读、齐读）

师：读好停顿，我们果然读得更好了。

（2）自读

师：现在请小朋友自己读读这首诗，边读边思考诗句的意思。

生：（生自读）

师：瞧，你们读得多认真。说说你读懂了什么？

（3）精读——“高”

生：我读懂了楼很高。“危楼高百尺”，“百尺”就是一百尺，说明它很高。

师：一百尺是多高呢？李白去量过吗？

生：应该没量过，这是大概的高度，形容楼非常高！

师：你能读出楼的“高”吗？

生：（读）

师：老师注意到你把“高百尺”重读了，老师感觉到楼的高了。

生：（齐读）

师：这一行还有哪里表现楼“高”？

生：危楼就是高楼。

（出示下图）

师：请大家结合插图和字，想想“危”的意思。（生思考）

生：“危”的上面是人，中间是山崖，下面是腿弯曲的形状。人站在山崖上，表示很高。

师：真棒！高处的石头就是危石，高峻的山峰就是危峰，高耸入云的桥梁是危桥。（依次出示危石、危峰和危桥的图片）

师：所以危楼就是高楼，这里指的是山顶的寺庙。让我们再来读第一行。

生：（齐读）太高了！

师：你还从哪里读出了楼的高？

生：“手可摘星辰”，就是一伸手就能摘到星星。

师：你能带上动作读吗？

生：（加动作齐读）

师：那座高耸入云的寺庙仿佛就在我们的眼前。大家一起读。（齐读）

生：我还读懂了“不敢高声语，恐惊天上人”是不敢高声说话，恐惊天上人。

师：天上人是什么人？（板书：天上人）

生：是神仙。

师：天上真的有神仙吗？

生：这是作者的想象！

师：那后两句也是在说——楼很高。

这座楼高到什么程度？

生：离神仙只有一步之遥，连大声说话都不敢，怕惊动了天上的仙人。

师：我们该怎样读这两句诗？

生：（读，声音变小一些）

师：嘘——（做安静的手势）你们啊，声音有点高，把仙人都惊动了。我们这样读（轻轻摆手）——不敢高声语，恐惊天上人。（师生齐读，学生都小声读）

（三）走进诗境

师：如果给这首诗配上一幅画，你想用什么颜色呢？说说理由。

生：我想用灰色，因为寺庙是灰色的。

生：我想用黄色，因为星星是黄色的。

师：可能还有——月亮。

生：我想用蓝色。因为夜晚就是蓝色的。

生：我用白色，因为李白可能穿白色的衣服。

师：孩子们，你们的想象真美。有深蓝的天空，金黄的星月，灰色的寺庙，还有高楼之上白衣飘飘的诗人……那么，这是一个什么样的夜晚呢？

生：是一个安静的夜晚。

师：在这样一个安静的夜晚，诗人独自登上高楼，看着天上的星月，他不禁诗兴大发，口中吟诵道——

生：（齐读全诗）

师：还有可能是一个孤独的夜晚！一个人、一座寺、一栋高楼，诗人身处他乡，独自登楼，陪伴他的是自己的新诗——

（屏幕出示教材图，音乐《平湖秋月》起）

生：（齐读全诗）

师：孩子们，读到这里，你们已经走近了李白，走进了这首诗的诗境。今天放学，妈妈问你学什么了，你怎么说?

生：学了李白的一首诗《夜宿山寺》。

师：会背吗?（生齐背）

师：这诗怎么这样写，谁能摘到星星?天上哪有神仙啊?

生：那是想象。

师：你们真的读懂了，这都是想象。在李白的诗歌里，处处都有这样的想象和夸张，当他看到一泻而下的瀑布时，赞叹——（出示“飞流直下三千尺，疑是银河落九天”）（生读）

师：这是何等的气势！面对前来送行的友人，他这样表达他们之间的深情——（出示“桃花潭水深千尺，不及汪伦送我情”）（生读）

师：这是何等的深情！写自己的愁绪，他说——（出示“白发三千丈”）（生读）

师：这是何等的愁绪！这样的想象在李白的诗里比比皆是。《早发白帝城》这首诗是在李白卷入了一场大案被流放的时候，忽然得到了皇帝赦免的情况下写出来的。请你用心读一读，把你感受到的李白式的想象和夸张的句子找出来，说说你的感受。

生：（汇报自己的感受）

三、亲近李白

师：今天我们走近了李白，读懂了李白的诗。但是，作为中国古代诗人代表的李白，是解读不尽的。老师希望，在以后的学习和生活中大家能够更多地亲近李白，亲近古诗。

四、指导写字

师：（范写：“危”“敢”“惊”）

生：（练习）

（执教：杨明慧）

【评析】

《夜宿山寺》这首古诗是唐代诗人李白所作，诗人大胆地运用夸张和想象生动地将一座寺院建筑的高大气势展现在我们面前。这首诗也是大诗人李白众多浪漫主义诗作中具有代表性的一首。教师在教学中主要按“了解李白—走近李白—亲近李白”三个步骤进行教学，其中“走近李白”环节教师分“走近诗题”“走近诗句”“走进诗境”三个部分循序渐进。在课堂教学环节中教师使用了一系列沉浸式教学策略，让学生高度地、全身心地、聚精会神地投入到阅读文本中。

1. 听觉沉浸——诵读教学法。教师在“走近诗句”环节中，采用“读好生字—学画节奏—重音符号—加动作读”，引导学生读好诗句。问学生：“你读懂了什么？”在交流中学生提出了楼的“高”。这时，教师巧妙地抓住“高”字提问：“在这首诗中你还从哪里感受到了楼的高？”“高”字是这首诗的诗眼，全诗都是围绕这一个“高”字，将一座雄伟的寺院建筑展现在我们眼前。尤其是在学生读到“不敢高声语，恐惊天上人”这句诗时，教师先问“这座楼高到什么程度？”，学生说：“离神仙只有一步之遥，连大声说话都不敢，怕惊动了天上的仙人。”接着，教师做了个表示安静的手势，提示学生可以带上动作去读，学生纷纷摇着小手，面带小心翼翼的神态。从学生表现上就可以知道，他们已经读懂了这首诗。

2. 视觉沉浸——诗画品鉴法。教师在“走进诗境”环节中，提出“如果给这首诗配上一幅画，你想用什么颜色呢？”启发学生通过语言文字，发挥想象，勾勒出一幅画面，达到视觉沉浸。学生说蓝色的夜晚、黄色的星星、灰色的寺庙、白色的长袍……引导学生走进李白所构建的古诗世界，继而学生说这是一个美好、安静的夜晚，诗人独自登上高楼，看着天上的星月。这又是一个孤独的夜晚，一个人、一座寺、一栋高楼，诗人身处他乡，独自登楼，学生仿佛身临其境。这一问题的设计不仅发展了学生的思维和想象力，还培养了学生的语言表达能力。

第十节 《古诗二首》教学实录及评析

【教学实录】

一、古诗导入，领略祖国大好河山

师：（出示图片）看到图，你想到了哪句诗？谁写的？

生：“白日依山尽，黄河入海流，欲穷千里目，更上一层楼。”王之涣的《登鹳雀楼》。

师：（出示图片）再来一首。

生：“接天莲叶无穷碧，映日荷花别样红。”杨万里的《晓出净慈寺送林子方》。

师：同学们，山河壮美，这壮美的河山因这些人这些诗而声名远扬。今天，我们再来学习两首描写祖国大好河山的诗。（板书课题）

二、学习《望天门山》，品山水壮丽，悟诗人豪情

（一）一读古诗，解题明义

师：天门山同学们不是很熟悉，我们通过注释来了解一下。（生读注释）

师：天门山不是一座山，而是一左一右两座山。李白望天门山，望到了怎样的景象呢？请同学们把这首诗读一读，注意读准字音，读清楚节奏。读完后结合注释、看看插图，想想诗的意思。

（生自由读诗）

师：同学们读得很投入，谁来展示一下？（生读诗）

（二）二读古诗，读出感受

师：有点儿“歌”的韵味，诗可以是一首歌，也可以是一幅画，李白的《望天门山》就是一幅画。默读古诗，这幅画里有哪几种景物呢？

生：天门、楚江、青山、太阳、孤帆。

师：这些景物带给你什么样的感受呀？

生：楚江波涛汹涌。

生：天门山很牢固。

师：给人什么样的感觉？

生：高大、雄伟。

师：是啊，天地间山高水阔，远远的还有一点孤帆，多么宏大的景象啊！让我们一起想象着这种感觉读一读。（生读诗）

（三）三读古诗，读出色彩

师：《望天门山》这幅画还是有颜色的，你找到颜色了吗？

生：碧水，水是绿色的。

师：“碧”本义是青绿色的像玉一样的石头。这“碧”，像青色的水晶，似绿色的翡翠，美不胜收。你看，贺知章笔下垂柳的色彩是“碧”，读——

生：“碧玉妆成一树高，万条垂下绿丝绦。”

师：杨万里笔下莲叶的色彩是“碧”，读——

生：“接天莲叶无穷碧，映日荷花别样红。”

师：李白笔下楚江水的色彩也是“碧”，读——

生：“天门中断楚江开，碧水东流至此回。”

师：一个“碧”字，让景色熠熠生辉。再看，还有什么颜色？

生：白色，帆是白色的。

生：青色，山是青色的。

生：还有“日”，太阳是红色的。

师：碧、青、白、红，李白望见的是一幅色彩明丽的画啊，我们一起来读一读，感受一下。

（四）四读古诗，读出动感

师：这幅画不仅有颜色，还会动呢。你能从诗中的哪些字、哪些词感受到景在动呢？

生：“断”“开”“流”“回”“出”“来”。

师：先来看第一句，一起读。（齐读）

师：你好像看到了怎样的景象？

生：我仿佛看到，楚江像一把利剑，把天门山劈成两半。

师：哪个字给你这样的感受？

生："断"。

生："开"，我想到了楚江汹涌澎湃地向天门山撞来，开出一条缝隙。

师：开出缝隙后？

生：楚江变得更加开阔。

师：这一"断"一"开"是在写谁？

生：楚江。

师：写出了楚江的汹涌澎湃，写出了楚江的……

生：坚韧不拔的精神。

师："碧水东流至此回"。这里的"回"指的是改变方向，碧水东流，碰上了……

生：天门山。

师：于是，它不得不折向北流。长江水是浩荡的，但天门山硬生生地让浩荡的长江水改变了方向，这天门山给你什么感觉？

生：高大坚韧。

生：雄伟，有气势。

师：山水在较量呢，读好这个"回"字——（生读诗句）

师：我们接着往下看。读"两岸青山相对出"。

师：天门山是一左一右两座山，两座山是"相对"的。不知道同学们有没有过这种感觉，车子开动的时候，路两边的景物迎面而来。

生：是的，李白乘着小船，感觉青山在向他迎过来。

生：就好像在迎接李白一样。

师："孤帆一片日边来"，这里的孤帆就是李白乘坐的这艘小船，李白乘坐小船，从南向北行驶，太阳就跟在孤帆后面，所以李白在说"我的这艘船好像从太阳边行驶过来的"。怎么样？李白觉得他的船是从太阳边驶出来的呢。

生：李白感到特别自豪。

师：带着这份骄傲自豪的感情来读读这两句。

（五）再读古诗，读出情感

师：写这首诗的时候，李白非常年轻，他离开家乡四川，沿长江远游。他来到天门山，看到这自然胜景，联想到心中的远大抱负，觉得自己肯定会实现自己的抱负，这样的心情怎么表达呢？看，正好借眼前高广辽远的山水来抒发。读——（生齐读全诗）

师：高广辽远的山水正如李白高远的抱负，广阔的胸襟！读——（生齐读全诗）

师：少年很有抱负的李白，理想指日可待的李白，他的笔下才有这样的《望天门山》，读——（生齐读全诗）

三、学习《饮湖上初晴后雨》

（一）初读古诗，解题名义

师：刚刚我们通过李白的笔领略了天门山的胜景，这节课，我们再来学习一首描写西湖的诗《饮湖上初晴后雨》。读懂了诗题，就读懂了诗的一半。谁来说说诗题的意思？

生：在湖上喝酒。

师：“初晴后雨”指的是天气，一开始是晴天，后来下起了雨。我们一起合作来读读这首诗。

（师生合作读诗，学生自由读、展示读）

（二）师生互动，交流诗意

师：诗人眼中的西湖是什么样的呢？你们来说说看。

生：非常美丽的，和西施一样美。

生：晴天也美，雨天也美。

师：是啊，有多美呢？读“水光潋滟晴方好，山色空蒙雨亦奇”。这里的“潋滟”和“空蒙”怎么理解？看看“潋滟”这个词，都是水字旁，猜猜看，会是什么意思呢？

生：波光粼粼的样子。

师：是的，“潋滟”就是水光流动的样子，阳光洒在西湖的水面上，水面上是什么样呢？

生：水面波光粼粼，像撒上了一片星星。

师：“空蒙”这个词的意思，看看图，你们就明白了。（出示图片）

生：朦胧。

师：像这样朦朦胧胧，山、树都像披了一层轻纱的景色，就是——

生：“山色空蒙雨亦奇”。

师：一个“晴方好”，一个“雨亦奇”，简简单单六个字，却是道不尽的赞叹！那西湖是不是只有晴天才好，只有雨天才奇呢？我们走进西湖，寻找答案。认真看，然后把你的感受说给大家听。（展示西湖四季的照片）

生：春天湖边杨柳依依，也很美。

生：冬天白雪皑皑也很美。

师：不只有“晴方好”，不只有“雨亦奇”，苏轼把西湖种种不同的美，都浓缩在一个“好”和一个“奇”中，带着感受再读诗句。

（生再读前两句诗）

师：西湖神奇梦幻、美不胜收，这样的美，诗人将之与西子，也就是西施相比。

师：西施多美呢？据说鱼儿见了她，被西施的美貌惊住了都忘了游动，沉到水底去了呢。精心打扮的西施，是美的，素服淡妆的西施也是美的，这就是——

生：“淡妆浓抹总相宜”。

师：诗人把“西湖”比作“西子”，那么对西湖来说，什么时候是淡妆，什么时候是浓抹呢？

生：天气晴朗的时候，景物色彩鲜艳，湖面波光粼粼，这就是浓抹。

生：雨天的时候，山水一色，朦朦胧胧，这就是淡妆。

师：是啊，在诗人眼中，不管是晴天时候的西湖，还是雨天的西湖，都是非常适合观赏的。

师：古往今来，赞美西湖的诗近千首，但是提到西湖，人们首先想到的却是苏轼的——

生："欲把西湖比西子，淡妆浓抹总相宜。"

师：从此以后，人们再写美景，再写西湖，便常常引用这个名句。

（三）联系背景，感受情感

师：今天的西湖，美。可是，一千多年前，西湖是这样的。（出示图片）是谁带给西湖如此大的改变？是苏轼。苏轼想尽办法治理西湖。那时候，西湖里有很多淤泥，如果要清理出来，这么多淤泥怎么处理呢？苏轼就想了个妙招，用西湖里的淤泥修建了一条长堤，这就是西湖一景——苏堤。苏轼不仅是西湖之美的赞颂者，他还是西湖之美的创造者！怪不得如此喜爱西湖呢。再读《饮湖上初晴后雨》。

（生再读诗）

四、总结

千年以后，来到天门山，我们就会想起一个人——李白，想到一首诗——《望天门山》，忍不住要吟上一句"天门中断楚江开，碧水东流至此回"；漫步苏堤，我们依然记得一个人——苏轼，记得一首诗——《饮湖上初晴后雨》，记得一个名句"欲把西湖此西子，淡妆浓抹总相宜"。这是祖国壮美河山的魅力，也是诗的魅力，是经典的魅力。当我们吟诵起这些穿越千年历史依然青春不老的诗时，就是向祖国河山致敬，向伟大的诗人致敬，向经典致敬。

（执教：吴文霞）

【评析】

本节课教学的两首古诗均是写景的诗，这景是祖国河山的一部分，是切实存在的事物，不少学生甚至都去过这些地方。在教学过程中，教师将"景—人—诗"巧妙地融合到一起，赏景、知人、悟情，使得学生能够充分沉浸诗中，古诗不再是遥远的文字，而是一幅生动的画，一段鲜活的故事。

一、在分层赏景中沉浸

李白的《望天门山》理解起来有一定难度，尤其是“两岸青山相对出，孤帆一片日边来”这句，如果按照常规教法逐句翻译，不仅无趣，学生也感受不到李白笔下大自然之神奇壮丽。教师将“赏景”分解为三层：看画—看一幅有色画—看一幅“动”态画。

“请大家快速默读这首诗，诗中描写了哪几种景物呢？”

“《望天门山》这幅画还是有颜色的，你找到颜色了吗？”

“这幅画不仅有颜色，还会动呢。读一读，你能从诗中的哪些字、哪些词感受到景在动呢？”

通过以上三个小问题，教师带着学生层层深入去感悟景物的特点，在不知不觉中将天门山、长江水的雄奇壮阔展示在学生面前。并且，在理解不断深入的同时，辅以反复朗读，一遍有一遍的滋味，一遍有一遍的奇妙，学生在思维提升之余用朗读深化诗感，沉浸在诗营造的世界中。

二、在诗文背景中沉浸

学习一首诗离不开背景知识的了解，要想准确把握古诗词的含义，就要去了解写作背景，让情感和作者产生相融共鸣，学生走入诗人内心，诗歌才能走入学生的内心。

例如《望天门山》一诗中，“孤帆一片日边来”一句的理解存在争议，有人觉得是李白看见一艘船驶来，也有人觉得“孤帆”就是李白乘坐的这艘船。那么，教师在课堂中引入李白创作该诗的背景——年仅 24 岁，胸怀大志、意气风发，再结合天门山附近的地理环境，就可以理解，这里的“孤帆一片日边来”指的是李白乘坐小船，从南向北行驶，太阳就跟在孤帆后面。24 岁的李白，会无缘无故写一艘不知名的小船么？不会。他会觉得我这艘船是从太阳边驶来的，我这艘不是普通的船，我也不是普通的人，这才符合 24 岁李白的心境。

再比如第二首诗中，让学生感悟苏轼对西湖的情感，教者又引入了苏轼治理西湖的小故事，让学生感受苏轼呕心沥血的付出和几百首赞美诗的背后，都是对西湖真切的爱。

当一个个鲜活的故事、一个个面目不再模糊的诗人走进课堂，学生才会全身心投入到古诗文的学习和古诗文情感意境之中。

参考文献

［1］学记［M］. 高时良，译 . 北京：人民教育出版社，2016.

［2］契克森米哈赖 . 专注的快乐［M］. 陈秀娟，译 . 北京：中信出版社，2011.

［3］柯顿, 等 . 语言与学习者: 国际语言课堂教学指南［M］. 丁维莉, 杨洋, 译 . 北京：北京语言大学出版社，2020.

［4］马扎诺，等 . 高度参与的课堂 : 提高学生专注力的沉浸式教学［M］. 白洁 , 译 . 北京：中国青年出版社，2019.

［5］中华人民共和国教育部 . 义务教育语文课程标准［M］. 北京：北京师范大学出版社，2022.

［6］李道传 . 朱子语录［M］. 上海：上海古籍出版社，2016.

［7］皮亚杰 . 教育科学与儿童心理学［M］. 杜一雄，钱心婷，译 . 北京：教育科学出版社，2018.

［8］叔本华 . 叔本华思想随笔［M］. 韦启昌，译 . 上海：上海人民出版社，2023.

［9］沈坚 . 初中语文“沉浸式”教学研究［M］. 苏州：苏州大学出版社，2010.

［10］苏霍姆林斯基 . 给教师的建议［M］. 杜殿坤，编译 . 北京：教育科学出版社，1984.

［11］波兹曼 . 童年的消失［M］. 吴燕莛，译 . 北京：中信出版社，2018.

［12］梅耶 . 应用学习科学：心理学大师给教师的建议［M］. 盛群力，等，译 . 北京：中国轻工业出版社，2016.

[13] 陈楠 . 角色扮演教学法在高中《政治生活》教学中的应用研究 [D]. 山东师范大学，2016.

[14] 布朗，罗迪格 . 认知天性 [M]. 邓峰，译 . 北京：中信出版社，2020.

[15] 陈少松 . 古诗词文吟诵 [M]. 北京：社会科学文献出版社，1997.

[16] 李美华 . 心理学与生活 [M]. 长沙：湖南师范大学出版社，2017.

[17] 沃德 . 友善用脑 [M]. 王斌，译 . 天津：天津社会科学院出版社，2003.

[18] 边建松 . 正确领会和落实"个体语言经验"概念 [J]. 中学语文（教师版），2019（9）.

[19] 王宁 . 谈谈语言建构与运用 [J]. 语文学习，2018（1）.

[20] 王书月 . 基于语言建构与运用的古诗词教学策略 [J]. 语文建设，2019（1）.

[21] 丁福保 . 历代诗话续编 [M]. 北京：中华书局，1983.

[22] 刘勰 . 文心雕龙 [M]. 上海：上海古籍出版社，2015.

[23] 余党绪 . 中学生思辨读本 [M]. 上海：上海教育出版社，2019.

[24] 朱光潜 . 诗论 [M]. 上海：华东师范大学出版社，2018.

[25] 林崇德. 心理学大辞典 [M]. 上海：上海教育出版社. 2003.

[26] 李镇西. 做最好的老师 [M]. 桂林：漓江出版社. 2019.

[27] 王兰. 兰幽香风远 [M]. 南京：江苏教育出版社. 2004.

后　记

从教三十多年，我一直沉潜于小学语文课堂教学，探索小学语文教学的真谛，追寻小学语文教学的本质。

三十多年来，每一次备课，我都在思考：老师要教什么？怎么教？为什么这么教？还可以怎么教？学生学什么？怎么学？为什么这么学？还可以怎么学？如何带领学生研究教材写什么？怎么写？为什么这么写？还可以怎么写？作业做什么？怎么做？为什么做这个？还可以做什么？三十多年来，我所追求的语文课堂是“让的课堂”：问题让学生提出，教师只是促进；思路让学生探求，教师只是参与；观点让学生表达，教师只是疏导；方法让学生寻找，教师只是引导；规律让学生发现，教师只是点拨。课堂上，时间让给学生，空间让给学生，主角让给学生，话语让给学生。三十多年来，我所追求的语文课堂是“五个一”简约课堂：一课一问，一课一研，一课一拓，一课一练，一课一得。三十多年来，我所追求的语文课堂，是遵循语文学科特点的“沉浸式”课堂：全感官调动，全情景创设，全身心投入。

2022 版《语文课程标准》中明确提出的课程理念之一便是“增强课程实施的情境性和实践性，促进学习方式变革”。要求语文课程实施从学生语文生活实际出发，创设丰富多样的学习情境，设计富有挑战性的学习任务，激发学生的好奇心、想象力、求知欲，促进学生自主、合作、探究学习。

在这样的背景之下，带着对语文教学的热爱，带着对语文教学的思考，带着蓄积了几十年的实践，产生了撰写《小学语文沉浸式教学》一书的想法，由于小学语文教学内容太多，范围太广，受字数的限制，于是就以小学古诗文教学为例谈小学语文沉浸式教学。

古诗文，是中国传统文化的瑰宝，是根植于每一位中国人生命中的文化基因。在小学阶段让学生学习古诗文，既是传承传统文化的需要，也是落实立德树人的需要；既是丰富学生积累的需要，也是强化人文精神的需要。部编版小学语文十二册教材中共有古诗文一百三十多首（篇），可见国家对古诗文的重视。

虽然“课改”已经持续了多年，但是当下的古诗文教学仍然存在诸多不足。譬如，教学流程机械刻板：“释题—读诗—释诗—背诗”；教学中理性有余，诗意不足；重死记硬背，轻体验感悟；缺少情境，缺乏实践；缺少童趣、情趣、诗趣。

近年来，我一直探索和实践的小学古诗文沉浸式教学，为古诗文教学构建了一种新的样态。它通过一系列的教学实践活动，激发儿童的学习动机，促使其全身心投入到古诗文的学习和古诗文的情感意境之中，充分发挥儿童的主观能动性，从而拉近儿童与古诗文的距离，提高了学习效率，培养了儿童对传统文化的认同和热爱。

小学古诗文沉浸式教学，遵循了儿童的学习规律；小学古诗文沉浸式教学，遵循了语文教学的规律；小学古诗文沉浸式教学，调动了儿童的学习兴趣；小学古诗文沉浸式教学，助力儿童提升语文核心素养。

此书能得以顺利出版，非常感谢南京市教育科学研究所搭建平台，感谢刘大伟所长对书的框架及内容给予悉心指导，感谢全国著名特级教师孙双金校长拨冗撰序，感谢南京市北京东路小学阳光分校语文组的老师提供课例，感谢南京出版社的老师们倾情付出。

任何一种教学方法都不是万能的，都不可能适合每一个教学内容，在教学实践中要根据教学内容和教学条件理性选用。

由于本人水平有限，此书一定存在诸多不足，真诚欢迎各位读者老师多提宝贵意见，让“小学语文沉浸式教学”更加完善。

南京教育文库

（已出书目）

第一辑　生活·实践教育系列成果（9 种）

序号	书名	作者
1	中小幼教师如何做好教科研	刘大伟
2	思辨性阅读——儿童思维品质的涵育	杨树亚
3	小学数学职初教师的专业发展	王　凌
4	数学课堂成长型思维培养	朱国军　李　冉
5	慢养语文	贾　卉
6	小学数学结构化学习教学指导	吴玉国　孙　谦
7	中小学“校－家－医协同”心育工作路径	王天文　张　燕
8	小数的意义	孙　谦　杨梅芳
9	用字母表示数	吴存明　姜梦莹

第二辑　一线名师示范实践（23 种）

序号	书名	作者	序号	书名	作者
1	小学语文	杨树亚　洪劬颉	13	初中英语	李爱云　尚媛媛
2	小学数学	吴玉国　毛文波	14	初中道德与法治	王存贵　王小叶
3	小学英语	韩佩玲　周春燕	15	初中地理	孙小红　张　静
4	小学道德与法治	唐隽菁　缪　青	16	初中历史	孙　进　王　伟
5	小学科学	冯　毅　成金燕	17	初中美术	张　屹　邵惠敏
6	小学美术	张　屹　张　静	18	初中生物学	岑　芳
7	小学体育与健康	倪晨瑾	19	初中体育与健康	周　云　戴守慧
8	小学信息科技	李有翔　王苏明	20	初中物理	孙留桥　季卫新
9	小学音乐	叶　军　何　伟	21	初中信息科技	高建君　董　苏
10	劳动	刘权华　王洪贵	22	初中化学	董　海　包义才
11	初中语文	王跃平　洪劬颉	23	初中音乐	何　伟　叶　军
12	初中数学	叶旭山　黄秀旺			

第三辑　生活·实践教育系列成果（7 种）

序号	书名	作者
1	理趣数学的价值意蕴与实践探索	余　颖
2	适合发展：小学数学智慧教学的理论与实践	王九红
3	简约语文的思与行	金立义
4	小学语文沉浸式教学——以小学古诗文教学为例	唐文国
5	中学语文整本书阅读教学探索	王跃平
6	“一核三式”历史教学法——指向思维的历史教学	卞姗姗
7	和谐的古典舞——诚实教育与美好生活	李亚娟